叢書
現代の社会学とメディア研究
第3巻

アイデンティティと社会意識
私のなかの社会／社会のなかの私

矢田部圭介・山下玲子 編著

北樹出版

叢書・現代の社会学とメディア研究　刊行にあたって

　20世紀を通じて社会学は、めまぐるしい社会の変容に対応しながら次々に新しい領域を開拓し、時代の最先端を担う知の体系として発展してきた。それはたとえば、ジェンダー、エスニシティ、階級・社会階層、文化、身体・心性など、他の研究領域では扱いえない、または本質に迫りえない問題の数々を正面から扱う研究領域として、ますます大きな役割を果たすものとなっている。

　そして21世紀の今日、情報技術の高度化に伴うメディアの多様な発展と、これによって引き起こされた社会の変容が、社会学の重要な研究対象として立ち現れ、既存の社会学の体系は見直しを迫られている。これまでの研究のさらなる発展・進化とともに、メディア研究を社会学のなかに正当に位置づけることが求められているのである。

　すでに日本のいくつかの大学でも、従来からある社会学系学部にメディア研究を目指す学科を設置するなどして、こうした新しい社会学研究とその成果を生かした社会学教育が始められている。この叢書が目指すのは、これまでの社会学の蓄積に新しいメディア研究を接合し、体系化して広く世に知らせることである。

　もとより、完成された体系を提示しようとするあまり、社会の最新動向や新しい研究の試みを切り捨てることは望まない。むしろこれらを進んで取り上げ、鋭く問題提起していきたい。そして最先端でありながらも、入門者や市民に開かれたものでありたい。本叢書が、社会学とメディア研究の一層の発展に寄与するとともに、広く人々の関心に応えるものとなることを期待している。

　　　　　　　　　　　　　叢書・現代の社会学とメディア研究　編集委員会

はじめに

　本書は「私と私をとりまくもの」をテーマに編んだ論集である。
　自己や自我と呼ばれる社会現象としての「私」をさまざまな観点から検討し、同時に、そうした「私をとりまくもの」としての広い意味での社会意識——すなわち私たちが共有するものの見方——と私との多様な関わりの一端を明らかにすること。これが本書の課題である。
　本書は大きく前半（第１章～第４章）と後半（第５章～第９章）に分かれている。前半では、「私」という現象に焦点を当て、その構成に関わる諸契機と諸問題を扱っている。第１章から第３章までは、おのおの、アイデンティティ、ジェンダー、相互行為などをキーワードに、私の社会的構成に関する諸問題を論じ、これらをふまえて第４章ではとくに恋愛という関係のなかにある私のありようのポリティクスを論じている。
　後半では「私をとりまくもの」に注目する。第５章は前半からの架橋部として、集団とそこに所属する私とのダイナミクスを社会心理学的観点から論じている。続く第６章から第９章では、戦後日本の社会意識の変容、歴史意識、ネット空間における自己像、犯罪と犯罪不安などをそれぞれ取り上げ、私をとりまく社会意識の諸相と、それらへの私の関わりの多様性と可能性とを論じている。
　私は「社会のなかの私」であることで、必然的に「私のなかの社会」を抱える存在であり、同時にその私は多様なあり方で社会と関わることでやはり「社会のなかの私」たらざるをえない。本書の各章では、こうした「社会のなかの私」と「私のなかの社会」の諸相を描き出している。そして、本書を通読していただくことで、このような循環的過程への気づきをあらたにしていただければ幸いである。

編　　者

目　次

第1章　私としての私──本当の自分の扱い方 …………………………… 2

0. はじめに　*2*
1. 関係のなかの自分（1）：自分を位置づける　*3*

   1-1：アイデンティティ（*3*）　1-2：他者との関係で自分を位置づける（*3*）　1-3：自分の成立と他者（*4*）

2. 関係のなかの自分（2）：自分の価値を実感する　*5*

   2-1：アイデンティティ問題としての差別（*6*）　2-2：存在証明と他者（*6*）　2-3：日常的な作業としての存在証明（*8*）

3. 他者に依存しない自分？（1）：「本当の自分」の召喚　*9*

   3-1：システム分化と近代社会（*10*）　3-2：近代社会におけるアイデンティティ（*11*）　3-3：解放と呪縛（*12*）

4. 他者に依存しない自分？（2）：「本当の自分」を実感させるしくみ　*13*

   4-1：他者に依存しない自分（*13*）　4-2：心理主義化する社会とその落とし穴（*14*）

5. おわりに　*16*

第2章　「女」/「男」と私 ……………………………………………… 20

0. はじめに　*20*
1. 「ジェンダー」とは何か？　*20*

   1-1：子どもの名前トップ5の不思議（*20*）　1-2：「性」の多様性（*21*）　1-3：身体によって分類できる特徴は一つだけか？（*22*）　1-4：「性別」を生み出す「まなざし」（*23*）

2. Doing Gender　*24*

   2-1：「女」/「男」を生み出す「行為のルール」（*24*）　2-2：「女」を演じる、「男」を演じる（*25*）　2-3：「女」としての物語、「男」としての物語（*28*）

3. 就職差別とジェンダー　*29*

v

3-1：「足の形」による差別はありうるか？(29)　3-2：「女」と「男」というカテゴリー間の差別(30)　3-3：本当に女子学生は仕事を辞めるのか？(31)

第3章　相互行為のなかの私——「私」が自己に出会う時 …………………… 36

0. はじめに　*36*
1. 「私」にめざめる青年期　*37*
2. 「私」が自己に出会う青年期の友人関係　*39*
3. 「親密な他者」とのかかわりのなかで育つ「私」　*41*
4. 自己感情から見出す「私」　*44*
5. 「私」をいかに演出するのか　*45*

第4章　恋愛関係のなかの私 …………………………………………………… 50

0. はじめに　*50*
1. 恋愛とは何か　*50*
2. 恋愛の誕生　*51*
3. 対幻想と性的欲望　*54*
4. 結婚と恋愛　*58*
5. ロマンティックラブ・イデオロギーとは何だったのか　*65*

第5章　集団のなかの私たち ………………………………………………… 67

0. はじめに　*67*
1. 私をとりまく集団　*67*

    1-1：集団とは何か(67)　1-2：内集団と外集団(68)　1-3：集団間の葛藤(69)

2. 私をかたちづくる集団　*71*

    2-1：内集団バイアスとは(71)　2-2：集団への同一視を高めるもの(72)　2-3：個人的アイデンティティと社会的アイデンティティ(73)

3. 集団に対する見方が歪む時　*75*

    3-1：ステレオタイプの中身はどのように決まるのか(75)

3-2：両面価値的ステレオタイプ⟨76⟩　3-3：現状維持を促すステレオタイプ⟨78⟩

第6章　戦後日本の社会変動と社会意識の変化 …………………… 82

0. はじめに　*82*
1. 社会意識研究の系譜　*83*
2. 戦後日本の社会意識の変容　*84*

    2-1：産業構造の転換と職住分離型の生活への転換⟨86⟩

    2-2：都市化と核家族化⟨86⟩　2-3：家電と団地とマスメディアの普及⟨88⟩

3. NHK調査にみる社会意識の変容とAPC効果　*89*

    3-1：NHK調査にみる社会意識の変容⟨89⟩　3-2：APC効果⟨92⟩

4. おわりに　*96*

第7章　歴史のなかの私たち …………………………………………… 99

0. はじめに　*99*
1. 歴史とは何か　*100*

    1-1：歴史を学ぶ⟨100⟩　1-2：文学と歴史の違い⟨102⟩

    1-3：横たわる時間⟨104⟩

2. メディアのなかの歴史　*106*

    2-1：おしゃべりな過去⟨106⟩　2-2：封印された過去⟨108⟩

    2-3：氾濫する過去⟨110⟩

3. コミュニケーションとしての歴史　*111*

    3-1：商品としての歴史情報⟨111⟩　3-2：歴史を描くこと⟨111⟩

    3-3：尽きることを知らぬ対話⟨113⟩

第8章　ネット空間のなかの私たち ………………………………… 116

0. はじめに　*116*
1. 電子ネットワークにおけるコミュニケーションとは　*116*

    1-1：電子ネットワークに人はどう入り込むのか⟨116⟩

目　次　vii

1-2：席巻するテキストコミュニケーション（*118*）
　2．匿名性をめぐる諸問題　*119*
　　　2-1：テキストメッセージと名乗り（*119*）　2-2：名乗りのパターン（*120*）　2-3：オンライン人格の継続性（*123*）
　3．電子ネットワークと「私」　*125*
　　　3-1：「私」を排除したネットワークである2ちゃんねる（*125*）
　　　3-2：「自分」という存在の揺り戻し、そしてbot（*128*）
　　　3-3：むすびに変えて（*129*）

第9章　犯罪のなかの私 …………………………………………… *133*
　0．はじめに　*133*
　1．「犯罪」とはどうとらえられてきたか　*133*
　　　1-1：デュルケームの犯罪理論（*133*）　1-2：社会構築主義がとらえる犯罪現象（*134*）　1-3：レッテル貼りの結果としての犯罪（*135*）
　2．犯罪不安社会をめぐって　*136*
　　　2-1：犯罪不安の流れ（*136*）　2-2：「治安悪化」へのリアクション（*137*）　2-3：犯罪不安社会への評価「治安悪化」を見直す（*140*）
　3．モラル・パニック言説がもたらすもの　*140*
　4．犯罪と人々とのかかわりの今後：モラル・パニックを超えて　*142*

アイデンティティと社会意識

私のなかの社会／社会のなかの私

私としての私
本当の自分の扱い方

0 はじめに

「けっきょく、本当の自分は、授業では見つかりませんでした」。「アイデンティティの社会学」という講義の授業評価で、これまでもっとも印象的だったコメントのうちのひとつだ。残念ながら、「アイデンティティの社会学」は自分探しの手伝いをする授業ではない。授業のなかでもこのことはくり返し述べるのだが、それでもなお、こうしたコメントが出てくることに、(自分の講義の不十分さを棚に上げつつ)「本当の自分」という感覚の根強さを思い知らされたのだ。

もちろん、「アイデンティティの社会学」が「本当の自分」について言及しないわけではないし、むしろ「本当の自分」は「アイデンティティの社会学」の主要なトピックのひとつですらある。

本章では、自分[1]という現象に対する社会学のアプローチの基本を紹介しつつ、この「本当の自分」という現象を社会学がどのように扱うのかデモンストレーションをしていこう。

第1節では、自分という現象の成立と他者とのかかわりの重要性を示し、社会学が自分という現象をとらえる際の基本的なスタンスを紹介しておく。第2節では、こうした他者とのかかわりのなかで、私たちが自分の価値を実感するやり方を確認する。そして、ここまでの議論をふまえて、第3節では「本当の自分」という発想が出現した社会的な背景を示し、続けて第4節では、私たちの身のまわりにある「本当の自分」の存在と価値を実感させるしくみのいくつかを紹介してみたいと思う。

関係のなかの自分（1）：自分を位置づける

　本節では、アイデンティティ概念の大枠を確認し、アイデンティティが他者との関係で表現されることを示して、自分の成立に関する社会学の基本的なスタンスを紹介しておこう。

1-1：アイデンティティ

　アイデンティティとは、いわば、ほかから区別されたひとまとまりの自分、というものが存在していることを表す言葉だ[2]。これは、自分自身にとっては、「自分がほかならぬ自分であるという確信ないし感覚」として実感される（濱嶋他 1997：1）。そして具体的には、「"自分がこういう自分である"という感覚や認識」として表現される（宮島編 2003：1）。

　授業で「あなたは誰ですか、ひとことで書いてみてください」というアンケートをとることがある[3]。このアンケートにしばしばみられる回答に、「私は私」とか「他の何ものでもない、私という存在」などといったものがあるが、これがまさに、「ほかならぬ自分」という感覚を生の形で表現したものといえるだろう。

　もちろん、ほとんどの回答は、「武蔵大学生」「社会学科の１年生」「長女」「明るく元気」「音楽好き」などのように、自分をさまざまなカテゴリーにあてはめたものだ[4]。こうした回答は、「ほかならぬ自分」の「ほかでもなさ」を具体的に表現し、「こういう自分」とはどのようなまとまりなのかを説明したものだといえるだろう。

1-2：他者との関係で自分を位置づける

　さて、「武蔵大学生」「社会学科の１年生」「長女」「明るく元気」「音楽好き」などの回答は、もちろん、自分について表現したものだ。しかし、同時に、これらの回答が他者の存在を前提にしているということを、確認しておこう。

　たとえば「武蔵大学生」という回答が、自分のほかならなさの説明として意

味をもつためには、「武蔵大学生」という言葉が、自分と他人を区別するものでなくてはならない。もちろんこの言葉によって区別される他人というのは「学習院大学生」や「成蹊大学生」や「成城大学生」などなどのことである[5]。つまり、逆にいえば、「武蔵大学生」という言葉は、「学習院大学生」や「成蹊大学生」や「成城大学生」などの存在を前提にして、はじめて意味をもつのだ[6]。

　ほかのカテゴリーについても同じことがいえる。「社会学科の1年生」は、「メディア社会学科」や「経済学科」、「1年生」は「2年生」や「3年生」や「4年生」の存在が前提であるし、「長女」は「次女」や「親」との、「明るく元気」は「落ち着いた」人との、「音楽好き」は「音楽にこだわりのない」人との、対比ではじめて意味をもつ。

　このように、自分について表現し説明することは、自分を他者とのかかわりのなかで位置づけることである。だから、アイデンティティとは、他者との関係において成立するものなのだ。

1-3：自分の成立と他者

　このことは、私たちがどのようにして自分を作り上げていくかを考えると、さらに理解しやすいだろう。G. H. ミードは、子どもが一人前のおとなとして自分を確立していくためには、ごっこ遊びやゲームなどの遊びで具体的な他者と関わりながら「他者の役割」を取得していく必要があるという（Mead 1934＝1973：165）[7]。

　たとえばお医者さんごっこで、自分が医者という役を演じるためには、相手の患者役のふるまいについても注意を払えなくてはならない。「足が折れちゃったんです」と言われたら、胸に聴診器を当てるのではなくて、足にギプスを当てなくてはならない。つまり、相手の出方に応じて、その期待に添って、自分の役を調整できなくてはならないわけだ。これがより高度に要求されるのがゲームの段階だ。たとえば、サッカーというゲームでは、敵味方総勢21人の他者の役割を知り、それに対応して、刻々と変化するそのつどの状況に応じた、自分の役割を遂行しなくてはならない（Mead 1934＝1973：165-6）。

こうしたプロセスは最終的に、遊びを離れて「一般化された他者の態度」の取得につながるとミードはいう（Mead 1934＝1973：167）。つまり、社会生活のなかで、人はどのようにふるまうのかという一般的な認識を身につけて、それに応じて自分のふるまいを調整できるようになる。これが、一人前のおとなとして、自分を確立することなのだ。
　このように、自分というものは、他者との具体的なかかわりのなかで、他者の役割を取り込んで、他者との関係のなかに自分を位置づけることを通して成立するのである[8]。だからこそ、自分のほかならなさもまた、まずは、こうした他者との関わり方として説明され表現されることになるのである。

関係のなかの自分（2）：自分の価値を実感する

　ただし、他者との関係のなかで自分を位置づけることができただけでは、自身のアイデンティティは必ずしも安定しない。それには、その価値を実感することが必要だ。もちろん、この自分の価値の実感もまた、まずは、他者とのかかわりのなかで生じるものだ。
　石川は、「自分がいかに価値ある人間であるか」を「人や自分」に証明する作業のことを存在証明[9]と呼んでいる（石川 1992：33-4）。それは、自分の価値を他者に認めさせ、自分に実感させる作業である。
　私たちが、こうした作業に、とくに没頭せざるをえないのが、「アイデンティティ問題」に直面した時だという。そのひとつが入学、入社、昇進、病気、移住などの「人生の節目」であり、私たちは「新しい場所での自分の位置を確保」するために、存在証明にいそしまなければならない。もうひとつが「差別」である（石川 1992：17）。本節では、この「差別」というアイデンティティ問題に直面した人が、どのようにそれに対処したのかを当人の手記を通して追うことで、アイデンティティと存在証明とのかかわりを確認していこう。

2-1：アイデンティティ問題としての差別

ここで取り上げるのは、同性愛者としての自分の生活史が描かれたある短い手記である（高橋 2000：110-118）。まず、その内容をかいつまんで紹介しておこう。

高橋が、アイデンティティ問題に直面したのは、同性を好きになる自分が「まわりと違った存在」だと気づいた中学生の時だ（高橋 2000：112）。しかし、「同性愛について否定的な」社会のなかで、同性愛者としての自覚をもつことは、非常につらいことだ。こんな「異常」なのは自分だけなのかという「孤独感」。人に知られて笑われたらという「恐怖感」。そうしたなかでは、とうてい「自分を肯定的に受け容れることができなかった」（高橋 2000：115）。

そして高橋は「これは誰にも言えない」と感じ、「それ以来、僕は『役者』になった」という。彼は、友人の前でも、家族の前でも異性愛者を演じることにした。しかしこの演技もまた、厳しいものだ。「怪しまれ」ないために「ちょっとしたしぐさや目線から恋愛感情まで、24 時間、常に気を張って生活をせざるを得ない」。演技に失敗すれば、大きなトラブルが待ち構えている。休まる時間はどこにもない（高橋 2000：112-13）。

こうした生活は、インターネットを通じて、「仲間」を見つけてから、すこしずつではあるが変化し始める。同性愛に関する情報が掲載されたサイトを訪れ、掲示板やチャットやメールでコミュニケーションをとる。そうしたなかで、高橋は「同じ思いの仲間がいる」ことを知り、「自分に自信がつき、勇気がわいてくる」経験をする。彼は仲間を得ることで「自分はいてもいい存在だということをやっと確認できた」のだ（高橋 2000：115-6）。

2-2：存在証明と他者

この手記を、アイデンティティと存在証明という観点から読んだ時[10]、注目すべき点は 3 つある。

第一は、ほかならぬ自分という感覚自体が苦痛をもたらすことがある、ということだ。自分を同性愛者として自覚することは、たしかに、自分のほかなら

なさを、つまりアイデンティティを、実感することではある。しかし、「ホモフォビア（同性愛嫌悪症）」の蔓延する社会のなかでは（高橋 2000：111）、それは、孤独と恐怖をもたらし、自分を悩ませ、自分の存在を否定することだ。逆にいえば、アイデンティティが安定し安心できるものであるためには、自身のほかならなさは、社会のなかで、なんらかの肯定的な価値をもつものとして（少なくとも否定されないものとして）実感される必要があるということだ。

　第二に、アイデンティティ問題に直面した時の、対応の仕方のひとつが、演技であるということだ。高橋は、まず、同性愛という志向を隠し、異性愛者を装うことを選んだ。石川はこれを「印象操作」と呼ぶ[11]。それは「知られると否定的に評価される負のアイデンティティを隠す。価値あるアイデンティティの持ち主であるように装うこと」である（石川 1992：23）。これは、自分を、まずとにかく他者に受け入れてもらう、あるいは少なくとも拒否されないための戦略だ。アイデンティティ問題にとって、まず重要なのは、この他者なのだ。

　第三に、「自分はいてもいい存在」だという確信とアイデンティティの安定は、自分を受け入れてくれる他者を見出し、自分の存在価値を認めてもらうことを通してはじめて可能であるということだ。ここでの高橋のように、「マイナスとされてきた自分のアイデンティティの価値をプラスへと反転させることで自分の価値を取り戻そうとする」ようなしかたでの、アイデンティティ問題への対処を、石川は「開き直り／解放」と呼ぶ[12]（石川 1992：30）。それは、個人の価値観の変換だけではなく、社会に流通する既存の価値観を別なものに組みかえようとすることでもある。こうした支配的な意識や道徳から離脱し、新しい価値基準を立ち上げようとする試みには、とくに仲間との共闘が必要になるといえるだろう。

　このように、私たちは、さまざまな存在証明の技法を駆使しながら、誰かに自分の存在を受け入れてもらい、「自分はいてもいい存在」だという確信を得ることで、アイデンティティの安定を得る。自分の価値の実感もまた、他者経由で実現されるものなのだ。

2-3：日常的な作業としての存在証明

こうした存在証明、つまり他者経由で自分の価値を実感しようとする試みは、上記の差別のようなアイデンティティ問題に伴うだけでなく、私たちの暮らしのいたる所にみられることだ。

一例として、若い人にはおなじみの「キャラ」という現象を考えてみよう[13]。森によれば、キャラとは「仲間同士でいる場を盛り上げるための配役」のことだ（森 2005：89）。たとえば、私のゼミであれば、教員の私は「サド」キャラで、学生を隠微にいじめるのが好きということになっている。いつも真っ先に口を開くＳくんは「いじられ」キャラで、いつも静かで決定的な場面でひとこと発して美味しいところをもっていくＦくんは「クール」キャラ。教員／学生という役割とは別に、こうした配役のおかげで、お互いの「リアクション」の予想が容易になり、この配役に沿った「鉄板」のやりとりが、ゼミを盛り上げるというわけだ（土井 2009：226）。

こうしたキャラ的な関係性において、もっとも避けられているのが「キャラかぶり」である。なぜならそれは「グループ内での自分の居場所を危険にさらすから」である。しかし土井によれば、同じ理由で「配分されたキャラからはみ出すこと」もまた慎重に避けられる（土井 2009：11）。こうした関係においては、まさに自分の配役を過不足なく演じきることが重要なのだ。それこそが、「グループ内での自分の居場所」を確保することであり、「自分はいてもいい存在」だという確信を得ることにつながるからだ。

だから、キャラは、必ずしも固定的ではない。一緒にいる仲間が異なれば、違ったキャラが割りふられることもある。異なったグループでは、異なったキャラが、自分の居場所となるかもしれないのだ。

私たちは、そのために、他者に合わせて、慎重に自身のふるまいを調整し、的確なキャラとしての印象操作に日常的にいそしむのである。このような存在証明は、いたる所で実践されている。私たちは、いつでもどこでも、他者とのかかわりにおいて、自身を表現し説明し、その価値を実感しようと試みているのだ。

③　他者に依存しない自分？（1）：「本当の自分」の召喚

　しかし、存在証明に一所懸命になればなるほど、「それだけが、自分なのだろうか……」と、ふと虚しい気持ちになることがある。

　仲間に受け入れてもらい自分の価値を実感できたとしても、「しかし自分はそれだけの存在でしかないのだろうか、自分は同時に、教師であり、音楽好きであり、サッカーが得意であり、誰かの親友でもあるはずなのに」という思いは浮かんでくるかもしれない。あるいは、キャラの演技にいそしみながら、「素の自分が出せてない」ことを嘆いたり、「素の自分てなんだっけ」と戸惑ったりすることもあるだろう。

　存在証明の作業を通して、他者のあいだに自分の居場所を確保し自分の価値を実感できたとしても、私たちは、しばしばそれでは満足できない。そこには、しょせん、自分は、他者に規定される存在でしかないのか、他者と関わらない自分そのものに価値はないのか、という虚しさがつきまとうのだ。

　こうした時に呼び出されてくるのが、他者に依存しない「本当の自分」という像である。いくつものキャラを演じ分けている「本当の自分」、同性愛者でもあり、教師で音楽好きでもサッカーが得意で誰かの親友でもある「本当の自分」。私たちが、居場所に応じて演じれば演じるほど、「演じている自分」という他者に依存しない存在が、リアルなものと感じられ始める。

　しかし、実は、こうした本当の自分を、直接に描き出す手立てを私たちはもっていない。それは「○○を演じている自分」という間接的なしかたで、あるいは「○○でも××でも△△でも……ある自分」という無限和のようなしかたで、表現されるものでしかない。

　にもかかわらず、私たちにとって、こうした「本当の自分」の存在は、とてもリアルなもののはずだ。本節では、こうした「本当の自分」が呼びだされる社会的条件を紹介し、その召喚の道筋を確認しておこう。

3-1：システム分化と近代社会

　この「本当の自分」という感覚が一般的になったのは、そう古い話ではなく、近代と呼ばれる時代になってからのことだ。ここでは、N. ルーマンの議論を参考に、「本当の自分」が広くリアリティをもつようになった背景を確認しておこう。

　ルーマンは、社会システムの特徴を、社会システムの分化のしかた、つまりどのようにサブシステムに分割されているか、によって描き出す。

　ルーマンによれば、近代以前の社会システムの特徴は、なんらかの宗教的な世界観に裏打ちされた階層分化というシステム分化の形式にある。いわゆる身分制のことだ。上下に重なった身分によって社会は分割され、身分ごとに社会的な役割がわりふられる（Luhmann 1990 = 1996：92）[14]。

　こうした社会は、中心がはっきりしている、透明な社会だ。というのも、身分制という上下関係のなかで、社会のなかのどこに位置していようと、自分の居場所とその上や下に誰がいるかひと目でわかる。そして、それを裏づける宗教的な世界観のなかで、何が大事で何が大事でないかもはっきりしている。こうした意味で、中心のはっきりした、とても見通しのいい社会なのだ（Kneer & Nasehi 1993 = 1995：151）。

　近代に入り、社会システムは、脱宗教化し、機能分化と呼ばれる、より複雑な事態に対処しうるシステム分化へと組みかえられていく。社会システムは、必要とされる機能を果たす比較的独立性の高い多様なサブシステム――経済、政治、法、宗教、教育、科学、芸術、親密な関係などのような――から構成されるようになる（Luhmann 1990 = 1996：92, 97-8）。

　それは「社会全体を統括する中枢機関がもはや存在しえなくなっている」という意味で、中心を欠いた、不透明な社会だ。というのも、それぞれのサブシステムは、おのおのに独自の基準をもち、その基準はほかのサブシステムでは通用せず、それらの基準を包括する上位の基準が存在しないからである。たとえば、一枚の絵画は、経済システムでは価格という基準で、科学システムでは真偽という基準で、芸術システムでは美醜という基準で、判断され評価される

わけだ。そして、それらの、どの判断と評価が、社会システム全体において優先されるべきかを一義的に決める基準はどこにもない（Kneer & Nasehi 1993＝1995：168-173）。

3-2：近代社会におけるアイデンティティ

こうした社会システムの移行は、アイデンティティのあり方の変化とも深く結びついている。

近代以前の社会において興味深いのは、人はひとつのサブシステムのなかに生まれ、そのサブシステムのなかで一生を過ごすということだ。農民に生まれたら、一生農民として過ごすのが当然で、それ以外の選択肢は基本的に想定できない。そして、農民として生まれた自分が社会のなかに占める位置は自明であり、果たすべき役割もはっきりしている。つまり、他者とのかかわりのなかでの自分の居場所は、確定した一ヵ所で、それは生まれた時から社会が規定してくれる（Luhmann 1990＝1996：92）。

こうした条件のもとでは、「本当の自分とはなんだろう」という類の問いは生まれにくい。というのも、それは自明のことだからだ。クニールとナセヒの言葉を借りれば、つまりこういうことだ。「あるひとつの部分システムに選択の余地なく所属しているということが、アイデンティティーを授けてくれるのである。アイデンティティーを外部から社会的に割りふってくれるのだ」（Kneer & Nasehi 1993＝1995：188-9）。

しかし、近代の機能分化した社会では事情が変わる。機能分化した社会では、人はひとつのサブシステムのなかで一生を過ごすことはできず、さまざまなサブシステムを渡り歩きながら生活をしなくてはならない。学生として教育システムに、バイトとして経済システムに、子どもとして親密な関係のシステムに……、時と場所に応じて、多様なシステムに属し、そこでの役割を果たす。こうして、学生でも、バイトでも、子どもでも……、あるような自分が成立する。重要なのは、それぞれのサブシステムのあいだには、包含関係も一義的な上下関係もあるわけではなく、それらを統括する上位の基準は用意されていないと

いうことだ (Luhmann 1990 = 1996 : 92)。

こうした条件のもとではじめて、「学生でも、バイトでも、子どもでも……でもあるような自分は、本当は誰なのだろう？」という問いが生まれてくる。異なるサブシステムにおける異なる自分をまとめ上げる「本当の自分」が、ここで呼び出されるわけだ。

もちろん、この問いには、もう社会は答えてくれない。クニールとナセヒがいうように「人間のアイデンティティーをそとから規定することはもはやできない。個人はますます自分自身に投げ返され、〈私は誰なのか〉という問いに答えるために自分の資産を動員しなければならなくな」ったのだ (Kneer & Nasehi 1993 = 1995 : 190-1)。

機能分化した近代社会において、私たちは、「本当の自分」というリアリティを発明し、その「本当の自分」が誰であるのか、自分で決めなければならなくなったのだ。

3-3：解放と呪縛

前近代から近代への移行において生じた、こうしたアイデンティティの形式の変化は、もちろん一面では解放である。前近代においては、アイデンティティは、社会的にわりふられ制限されていた。それが、近代社会では、自分自身で、自分は誰かを決めることができる——という以上にそれが奨励される——ようになったのであるから。これは、大きな可能性の獲得だといえるだろう。

他方で、しかし、これは一種の呪縛でもある。それは、はじめからどこかにあったわけではない他者に依存しない「本当の自分」を、あるはずのものとして追い求めることである。だから、「本当の自分とは何か？」という問いは、答え合わせができない問いであり、決定的な正解が出せない問いなのだ。出してみた答えには、いつも常に「本当にそれが、本当の自分だろうか？」「自分がそう思い込んでいるだけで、それは本当の自分ではないのではないだろうか？」という疑問を投げかけることができるし、その疑問を拒否する根拠は、どこにもないのだ[15]。

こうして近代は、「本当の自分」にとらわれる時代となった。「本当の自分とは何か？」という問いは、正解がないからこそ、ずっと問い続けられる。そして、終わりのないこの問いが広く流通し、それを通してまた、「本当の自分」というリアリティがさらに強化されてきたのである。

他者に依存しない自分？ (2)：「本当の自分」を実感させるしくみ

　「本当の自分」とは、複雑化し多様化した近代社会において生じた現象である。私たちは、自分のほかならなさを、他者とのかかわりにおいて表現し説明し、そこに居場所を確保し、そこで自分の価値を実感せざるをえない。しかし、だからこそ、私たちは、他者に依存しないような「本当の自分」を希求しているのだ。

　それゆえ、私たちのまわりには、なんとか他者に依存しない仕方で「本当の自分」を実感させ価値づけようとする、さまざまなしくみも用意されている。本節では、そのバリエーションのいくつかを紹介し、その代表として心理主義化という傾向のもつ特徴を示しておこう。

4-1：他者に依存しない自分

　しかし、他者に依存しない自分とは、いったいどのようなものだろう。私たちは、それをどのようなものだとイメージするのだろうか。

　他者に依存しないものとは、おそらく、他者とは無関係に、自分に最初から備わっているもののことだ。それは自分が獲得したものでもなければ、失うこともないもので、自分が誰と関わろうとも、生まれてから死ぬまで変わらず、いつも常に自分に備わり続けているようなもののことだろう。そうしたものはあるだろうか。

　一方では、それは、ナショナリティ、エスニシティ、性別など、自分がそこに生まれ落ちてくると実感されるカテゴリーのことだと見なされるケースがある。しばしば「日本人」「大和民族」「男」といった属性は、「学生」や「バイ

ト」と違って、獲得されたものではなく、いついかなる時も自分からは奪われず、誰と関わろうとも自分に備わり続けていると実感され、自分の本質をなすと信じられるわけだ。

　もちろん多くの研究が教える通り、これらもまた隣接するカテゴリーとの対比で意味をもち、パフォーマティブに遂行されることで維持される属性である[16]。重要なのは、こうしたカテゴリーが、自分に本質的なものだと信じられ・や・す・い・という点だ。そして、たとえばナショナリズムとは、こうした信念を強化しまた利用するひとつの制度だといえるだろう。

　他方で、これが自分の内面だと見なされるケースがある。たとえば土井が「内閉的個性志向」と呼ぶ、近年の若者の個性についてのとらえ方が、これにあたるだろう。土井によれば、近年の若者は、個性を「社会の中で創り上げられていくものではなく、あらかじめ持って生まれてくるもの……自分の内面へと奥深く分け入っていくことで発見されるもの」と見なす。そして「自分らしさをうまく発揮できないのは……秘められた『本当の自分』をまだ発見していないから」であって「重要なことは、なんとかそれを見出して、うまく開花させてやること」だと考えているのだという（土井 2004：24-5）。「本当の自分」は、自分の内面に潜んでおり、それを見つけだすことこそが重視されるのだ。

　そして、しばしば、この内面は心と見なされ、それに「奥深く分け入っていく」ための技術は心理学的な知識だと見なされる。こうした発想を支えるのが、社会の心理主義化という傾向である。以下では、社会の心理主義化についてもう少し解説し、そうした傾向がはらむ陥穽を確認しておこう。

4-2：心理主義化する社会とその落とし穴

　森によれば、社会の心理主義化とは、「さまざまな社会現象を個人の心理から理解する傾向や、自己と他者の『こころ』を大切にしなければならないという価値観、そのために必要な技法の知識が、社会のすみずみに行き渡ってきている」ことをいう（森 2000：15）。それは、心理学的な知識や技術が広く世のなかに流通し、それに基づいた発想や対応が望ましいものとされるような傾向のこ

とである。

　このような心理主義的な知識や技術は、さまざまな形で私たちのまわりで流通しているが、具体的にはどのような内容なのだろうか。ここではその典型として『心のチェックシート』という書籍を取り上げ、簡単に内容を確認してみよう。この本は、「心を探るプロ」の「心理学者」と「心を元気にするプロ」の「精神科医」の「コラボレーション」で書かれたもので、表紙や背には「本当の自分を見つけモヤモヤ気分をスッキリ晴らす」とうたわれている (渋谷・福西 2005：オビ，表紙)。中味は心理テストとその解説からできていて、ひとつずつテストをこなしていけば「科学的な根拠に基づく心理学の視点」に基づいて「本当の自分」を見つけることができるというわけだ (渋谷・福西 2005：2)[17]。

　重要なのは、この本の目的は、ただ「本当の自分」を発見することではなく、「モヤモヤ気分をスッキリ晴らす」ことだということである。「憂うつな気分から抜けだすためのヒントは『本当の自分』を知ることにあります」。心理テストを通して本当の自分を知り、自分が陥りやすい「思考の悪循環」のくせを知って、それを回避できるような方法を身につけることが目的なのだ (渋谷・福西 2005：2-3)。

　ここでは、「本当の自分」の発見は、自分をコントロールしマネジメントするために必要なことだと位置づけられている。心理主義的な知識や技術は、そのコントロールとマネジメントのためのものでもあるのだ。こうした方針は，この本だけのものではない。森や山田も指摘するように、心理主義的な知識や技術が利用されるのは、まさにこうした自己コントロールや自己マネジメントが要請される場面なのである (森 2000, 山田 2007)。心理主義化した社会における「本当の自分」の発見は、その管理とセットになっているのである。

　こうした知識や技術が流通することは、もちろん、生きづらい多くの人が「楽」になるために必要なことでもある。ただ、その裏面には、落とし穴もある。山田は「『心』をめぐる知は、多様な事柄を『心』の問題やストレスの問題として処理することによって、複雑な社会と対峙せねばならないということを人々に忘れさせる」と指摘する (山田 2007：178)。

心理主義化した社会では、モヤモヤした気分は、「本当の自分」を見出し、その「思考の悪循環」を断ち切ることで回避されるべきものだとされる。会社のストレスは、ストレスを感じる自分の心をコントロールしマネジメントすることで解消すればいいのだ。しかし、そうしてしまえば、モヤモヤした気分をもたらした、社会的な原因や条件は解消されないままである。ストレスの原因である上司の態度はそのままだし、職場環境は改善されないのだ。さらに、ストレスの処理は個人的な問題とされ、自己責任と見なされる。解消できないのは、本人の自己コントロールが不十分で、自己マネジメントができていないからだ、ということになる。

　このように、心理主義化の流れのなかでは、社会的な問題が個人の内面の問題へと還元され、私たちは、社会への働きかけを喪失し、容易に社会から撤退してしまうことになる。これが、心理主義的なしかたで「本当の自分」を支えることの代償なのである。

おわりに

　私たちが、自身のほかならなさを見出そうとする時には、他者のなかで自分を位置づけ、他者に自分の価値を認めてもらい、それによって自分の価値を実感する必要がある。そして、だからこそ、他者に依存しない「本当の自分」が呼び出されてくるのであって、そうした「本当の自分」の存在と価値は、さまざまなしくみによって、実感できる（かのように）ように用意されている。本章で示してきたのはこのようなことだ。

　ここまでの議論から明らかな通り、「本当の自分」とは、ただあったりなかったりするものなのではなく、私たちがそれを探し続けることで、私たちがあらしめているものである。その意味で、「本当の自分」は社会的な現象なのだ。

　このように社会学の「本当の自分」へのアプローチは、「本当の自分の見つけ方」をレクチャーするといったものではなく、「本当の自分」という現象を、私たちがどのようなしくみで成立させているのかを明らかにするものだ。だから、

当然、社会学の授業のなかでは、「本当の自分」など見つけることはできない。

　こうしたものの見方は、「本当の自分」が見つかったと信じている人や「本当の自分」を探すことに生き甲斐を感じている人にとっては、もしかしたら余計なお世話なのかもしれない。けれども、もしあなたが「本当の自分」に拘泥していて、そしてしんどい思いをしているのであれば、たぶん、その熱を冷ます薬となるだろう。これが、社会学の効用のひとつである。

（矢田部　圭介）

【注】

(1) 社会学や社会心理学の分野では、むしろ「自我」や「自己」といった用語を用いるのが普通かもしれない。ただ、これらの語は論者によって背景となる理論や使用法が異なり、その意味あいは多様であって、その整理は困難である。このため、本稿では、一般的に私たちが日常的に経験している現象としての「私」を表す語として、「自分」という語を用いることとする。
(2) アイデンティティについては、第3章第1節（p.37）および第5章第2節第3項（p.73）も参照のこと。
(3) 以下で紹介するアンケートの回答は、2008年4月11日に武蔵大学社会学部の「社会学原論1」という授業で回収したもの。無記名、自由回答で、全部で228通の回答があった。
(4) 実は、もっとも多い回答は、自分の名前である。名前というカテゴリーの意味については、ここでは詳細に検討できないが、石川は、これを「私のインデックス」と表現している（石川1999：53）。
(5) ちなみに、これらの4つの大学は「東京四大学」として合同の運動競技大会を開催するなど、相互の関係が深い。
(6) もちろん、これは言葉の意味に一般的にいえることでもある。差異こそが意味である。
(7) ミードの議論については、第3章第3節（p.42）も参照のこと。
(8) ということは、自分という現象は、他者との関係のなかから出現する、ということである。自分が先にあって他者との関係を結ぶのではない。他者とのかかわりのなかで自分という現象が出現する、ということだ。
(9) 石川は、この語を「アイデンティティ管理」「アイデンティティ操作」などの言いかえとして位置づけている（石川1992：5）。
(10) 本来であれば、当然、セクシュアリティやジェンダーという観点からの考察が必要な

ケースだが、ここでは紙幅の都合上、存在証明とアイデンティティという観点からみえてくることだけを考える。セクシュアリティやジェンダーについては、第2章を参照のこと。
(11) 印象操作については、第3章第5節（p.45）も参照のこと。
(12) 石川は、アイデンティティ問題への対処法として、「印象操作」と「開き直り／解放」の2つに、「名誉挽回」と「差別／価値の奪い取り」の2つをくわえて、合わせて4つの技法を紹介している。名誉挽回は「価値あるアイデンティティ項目を実際に獲得することで、無価値な自分を返上しようとする」こと、差別／価値の奪い取りは、「『価値のゼロサム・ゲーム』という『世界』を前提に「人から価値を奪うことによって」相対的に自分の価値を高めることを指している（石川1992：28）。
(13) キャラについては、第3章第3節も参照のこと。
(14) もちろんルーマンが例に出しているわけではないが、イメージとしては日本の江戸期の「士農工商」を思い浮かべてもらえばよいだろう。
(15) こうした構造はギデンズが「再帰性」と呼ぶものである。「モダニティの再帰性は自己の核心部まで及ぶ。別な言い方をすると、ポスト伝統的な秩序においては、自己は再帰的なプロジェクトになるのだ」（Giddens1991＝2005：36）。またこれについては、浅野の議論がわかりやすい（浅野1997）。
(16) たとえば、性については第2章を参照のこと。またナショナリティやエスニシティについては、本叢書第1巻（2013年刊行予定）を参照のこと。
(17) この書籍は、あくまで社会の心理主義化の傾向を示す事例であって、心理学や精神医学の代表的なテキストとしてあげたわけではない。もちろん、これらの領域からの社会の心理主義化への批判的な研究も存在する（cf. 小沢2002, 斎藤2003）。

【参考文献】

浅野智彦, 1996,「私という病」大澤真幸編『社会学のすすめ』筑摩書房.
浅野智彦, 1997,「自我論になにができるか――関係・パラドクス・再帰性」奥村隆編『社会学になにができるか』八千代出版.
土井隆義, 2004,『「個性」を煽られる子どもたち――親密圏の変容を考える』岩波ブックレット.
土井隆義, 2009,『キャラ化する／される子どもたち――排除型社会における新たな人間像』岩波ブックレット
Giddens, Anthony, 1991, *Modernity and Self-Identity：Self and Society in the Late Modern Age*, Stanford University Press.（＝2005, 秋吉美都他訳『モダニティと

自己アイデンティティ——後期近代における自己と社会』ハーベスト社.）
浜嶋朗他編, 1997,『社会学小辞典（新版）』有斐閣.
石川准, 1992,『アイデンティティ・ゲーム——存在証明の社会学』新評論.
石川准, 1999,『人はなぜ認められたいのか——アイデンティティ依存の社会学』旬報社.
Kneer, Georg & Armin Nasehi, 1993, *Niklas Luhmanns Theorie Sozialer Systeme*, Wilhelm Fink Verlag. （＝1995, 舘野浮男他訳『ルーマン社会システム理論』新泉社.）
Luhmann, Niklas, 1975, *Soziologische Aufklärung 2：Aufsätze zur Theorie der gesellshaft*, Westdeutsher Verlag. （＝1988, 土方昭監訳『ニクラス・ルーマン論文集3——社会システムと時間論』新泉社.）
Luhmann, Niklas, 1984, *Sozial Systeme: Grundriß einer allgemeinen theorie*, Suhrkamp. （＝1993/1995, 佐藤勉監訳『社会システム理論（上）（下）』恒星社厚生閣.）
Luhmann, Niklas, 1990, *Essays on Self-reference*, Columbia University Press. （＝1996, 土方透・大澤善信訳『自己言及性について』国文社.）
Mead, George Herbert, 1934, *Mind, Self and Society*, University of Chicago Press. （＝1973, 稲葉三千男他訳『精神・自我・社会』青木書店.）
宮島喬, 2003,『岩波小辞典社会学』岩波書店.
森真一, 2000,『自己コントロールの檻：感情マネジメント社会の現実』講談社選書メチエ.
森真一, 2005,『日本はなぜ静いの多い国になったのか——「マナー神経症」の時代』中公新書ラクレ.
奥村隆, 2000,「『存在証明』の臨床社会学」大村英昭編『臨床社会学のすすめ』有斐閣アルマ.
小沢牧子, 2002,『「心の専門家」はいらない』洋泉社新書 y.
斎藤環, 2003,『心理学化する社会——なぜトラウマと癒しが求められるのか』PHP エディターズグループ→2009, 河出文庫.
渋谷昌三・福西勇夫（監修）, 2005,『心のチェックシート』法研.
高橋タイガ, 2000,「インターネットがつくる新しい交流のかたち」すこたん企画編,『同性愛がわかる本』明石書店.
山田陽子, 2007,『「心」をめぐる知のグローバル化と自律的個人像——「心」の聖化とマネジメント』学文社.

「女」/「男」と私

はじめに

　ある生命保険会社の調査によると、2009年に生まれた子どもの名前のトップ5は、女の子が「陽菜」「美羽」「美咲」「美桜」「結愛」、男の子が「大翔」「翔」「瑛太」「大和」「蓮」だったそうだ。不思議なことに、これら上位に並ぶ子どもたちの名前は、女の子と男の子の名前がきれいに分かれていることがわかる[1]。

　このように私たちにつけられた名前は、それを見ただけで女性か男性かが瞬時にわかるような場合が多い。そのため、新生児の名前をつけなければならない大人たちからは、「女の子の名前しか考えていなかったのに男の子が生まれてきて慌ててしまった」というような笑い話を時々聞かされることもある。それほどまでに名前と性別の関係は重要だと私たちは考えているのである。

　私たちの名前というものは、ほかの誰でもないその人を指し示すための一種の「記号」として周囲の人から与えられるものである。その「私」を指し示すために、人が生まれて最初に与えられる記号に「性別情報」がつけ加えられるということは、よくよく考えてみるととても不思議なことではないだろうか。人は名前をつけられることによって自身のアイデンティティを与えられるわけであるが、その時、同時に「性別」についてのアイデンティティも与えられているといえるのである。

1 「ジェンダー」とは何か？

1-1：子どもの名前トップ5の不思議

　こう書くと、「世のなかには女と男の2種類の人間がいるのだから、それに応

じた名前をつけることなんて当たり前じゃないの？」と不思議に思う人もいるかもしれない。では、仮にここで「この世には最初から『女』や『男』が存在している」という私たちの認識枠組みそのものへの問いをいったん保留したとしても（それがこの章でやりたいことなのだが）、次のような疑問を投げかけたら、みなさんはきっと納得してくれるのではないだろうか。それは、「なぜおとなたちは子どもの名前を考える時には子どもの性別を意識し、同じ子どもに離乳食を与える時にはその性別を特別意識しないのであろうか？」という疑問である。どちらも同じように子どもに関する大切なことなのに、名前の時と離乳食を与える時とで大人たちが意識することが違うのはなぜなのだろうか。

社会学とは元来、世のなかで「当たり前」だと考えられてきたことそのものを疑うことから始める学問である。その一つの作業としてこの章では、「この世には最初から『女』と『男』という2種類の人間が存在している」という、みなさんが至極当たり前だと考えてきたことについて、一度立ち止まって考え直すことから始めたいと思うのだ。

1-2：「性」の多様性

さて、人間の「性別」というものは、その誕生の時から決まっていて、一生を通じて変わらないように思える。だから生まれてきた赤ん坊の身体をチェックして、その性器の形でその子が「女」か「男」かをみれば、その人の「性別」は確定するだろうと思っている人は多いかもしれない。

しかし本当にそうだろうか。たとえば最近では、生まれた時の身体上の特徴から分類される性別と、本人がそうであると認識する性別（「性自認」と呼ばれる）とが不一致である人たちの存在がクローズアップされてきている。自分の身体の形状と自分の認識する「性別」が一致していないことから「性同一性障害」と呼ばれている人たちが存在することを、みなさんもおそらく本やテレビを通じて知っているだろう。「性同一性障害」の人たちがぶつかる問題を考えてみると、私たちは人の身体上の特徴を（たとえば性器の形を）見ただけでは、その人の性別を「女」だとか「男」だとか決めつけることはできないのである。

さらにいえば、身体上の特徴に関連して、人間を「女」/「男」のどちらか一方に分類すること自体、それほど簡単なことではない。たとえば性器の形や染色体の構造を見ても、「女」と「男」のどちらに判定できるかが不明確な性分化疾患（「インターセックス」とも呼ばれる場合もある）として生まれてくる人の割合は決して少なくないことが知られている。以前は、性分化疾患の子どもの性別は、医者が無理にでも「女」とするか「男」とするかを分類していた。つまりその子どもの性別は、医者によって人為的、後天的に決められていたのだ。そして「女の子」と決められた子どもはその後、「女」としての人生を歩み、「男の子」と決められた子どもは「男」としての人生を歩んだのである。だが、こうした「強制的二分法」にのっとった「女」/「男」の分類も、ずいぶん暴力的なものである。
　こうしてみると、「性」というものはみなさんが考えているよりも本来ずっと多様なものであり、単純に「女」、「男」の二つに分類できるものではないといえるのである[2]。

1-3：身体によって分類できる特徴は一つだけか？

　こういった話をしてもなお、すっきりとしない人もいるかもしれない。たしかに世のなかには性同一性障害の人たちがいるかもしれないけれど、同時に、身体と自分が認識する性別が一致している人や、身体を見れば「女」か「男」かのどちらかに即座に判定できる人はいるだろうとみなさんは思うだろうからである。そして、こうした「単純な」人たちの方が数的にはたくさんいるではないかと反論したくなる人もなかにはいるかもしれない（もっとも、数的に少ないから「例外だ」と議論から排除するのはずいぶん暴力的な話だとも思うが……）。
　では、続けてみなさんにこういう問いを投げてみるとどうだろうか。それは「身体」上の性別と、「性自認」が不一致である性同一性障害にせよ、「身体」によって性別を判定することが難しい性分化疾患にせよ、あるいはその他の「単純な」ケースにせよ、これまで私たちがこだわってきた「性別」という人間の分類法は、本来、私たちの身体上に無限に見つけられるはずの特徴の、たった

1ヵ所（性器の形状の違い）にしか着目してこなかったのはなぜだろうか、という問いである。たとえ同じように身体的特徴に着目したとしても、人間を分類する方法はほかにもたくさんあるはずなのにである。

　たとえば私たちの足の形は、一人ひとりバラバラの形をしているようにみえるが、靴の専門家たちの手にかかれば、足幅が広いのか／細いのか、甲が薄いのか／高いのか、かかとは細いか／太いか、つま先の足の形はどうなのか、などによってあっという間にいくつかのタイプに分けられてしまう。たとえば人間のつま先の形状は、足の指の長さによって「エジプト型」「ギリシャ型」などと呼ばれる形状に分類されることも知られている（足と靴と健康協議会）。もちろんこれは非公式な分類法にすぎないが、「エジプト型」とは親指が一番長い足の形のことを指し、世のなかの人間の8割くらいはこれにあたるという。一方、「ギリシャ型」は親指よりも人差し指が長い形のことをいう。こうした足の形の違いは普段の生活では意識することもないかもしれないが、靴を選ぶ時には非常に大事である。なぜなら気に入ったデザインの靴があっても、それが自分の足の形に合わなければ履けなかったり、歩いているうち足を痛めてしまったりするからだ。また、つま先を使って踊るバレエダンサーにとっても、スポーツ医学の点からその「つま先の形状」は重要視されている[3]。

　あるいは私たちがパスポートを取得しようと外務省のウェブサイトを覗いてみると、「渡航先の出入国審査等において本人確認を行う際に、瞳の色は重要な識別ポイントになります」（外務省）と書かれているのに気づく。そして、最近一部の若者たちのあいだで流行しているカラーコンタクトを装着した写真は、パスポートには使えないという注意書きを目にすることになる。日本国内で暮らすかぎりにおいては、瞳の色の違いはあまり日常的に着目されることはないかもしれないが、地球上の別の場所では「瞳の色」という人間の身体の特徴を手がかりに、人を分類することもあるのである。

1-4：「性別」を生み出す「まなざし」

　こう並べてみると、性器の形を手がかりに人間を分類することも、足の形や

瞳の色を手がかりに人間を分類することも、人間の身体のある一部分だけに着目して人々をグループ分けしている点ではまったく同じである。そしてこのような人間の分類方法は、おそらく無限に作り出すことができるはずである。それにもかかわらず現代社会は、自分や他者の「性器の形」によって人間を分類する方法（＝性別）に、異常にこだわっているところがある。実は、この特定の「こだわり」こそ、人間社会が作り出した一つの「まなざし」といえる。言い換えると「性別」というものは、あらかじめ存在しているものでも、生物学的に決まっているものでもなく、人間社会が後からそこに特別な意味を与え、生み出したものなのである。

　考えてみると私たちの日常生活において、自分や他者の「性器の形（＝性別）」が四六時中、意味をもち続けているわけではない。たとえば、朝、通勤や通学で駅の自動改札を通過する時、女性用と男性用の改札口が異なるわけでもないし、あるいは私たちは自分の前後に改札を通過した人が女性だったのか男性だったのかすら意識しないまま日常生活を過ごしている。

　人間の足の形の違いが、靴を買おうとするその瞬間においては非常に意味をもっているが、それ以外の時間帯には気にもとまらないことと同じように、その人の性器の形が意味をもつ瞬間は、日々の生活のなかのほんの少しにしかすぎない。にもかかわらず現代社会に過ごす私たちは、人生のかなりの時間、その瞬間とくに重要ではないはずの他者の性器の形状の違い（＝性別）に、異常にこだわり続けているのである。そしてこの社会のなかで過ごす人々のあいだに、「女」と「男」の境界線を引き、「女」と「男」を作り出しているのである。このように、私たちの住むこの社会に「女」と「男」という二つのカテゴリーを生み出そうとする力学のことを、社会学では「ジェンダー」と呼んでいる[4]。

 Doing Gender

2-1：「女」／「男」を生み出す「行為のルール」

　現代社会に住む私たちは、「女」と「男」という二つのカテゴリーを生み出そ

うとする力学にさらされ続けていると同時に、それを日々再生産し続けている。私たちは、「女」や「男」を生み出す「記号」や「行為のルール」を共有しており、その法則に基づいて自分自身の性別を演出し、また他者の性別を判定するのである。

そのルールは、たとえば服装や髪型、メイクに始まり、顔の表情、声色、あるいは細かなしぐさや立ちふるまいに至るまで、おびただしい数のものがある。これらのルールは、子どもの時から長年かけて理解してきたルールもあるし、ファッション雑誌を読んだり、友だち同士で意識的、無意識的に情報交換をしたりするなかで日常的に獲得するルールもある。いずれにせよ、そのルールは、日々人々によってコピーされ、増殖しているのである。

それはまた報酬とサンクションの過程でもある。どのような服を着ることが「かわいい」「ステキ」と誉められるのか、他者とのコミュニケーションのなかでどのような態度をとることが「女として」「男として」許されるのか、何をすると「おまえなんか男／女じゃない」と仲間はずれにされるのか、ということを日々経験するなかで、人は「女」と「男」の境界が創り出されていることを知り、どのような記号や行為が「女」／「男」のそれぞれに振り分けられているかについての配分の法則を知るのである。

2-2：「女」を演じる、「男」を演じる

ところで、個々人がこのルールにのっとって演出する性別は、何もその人の性器の形と一致する必要はない。たとえばダスティン・ホフマン主演のアメリカ映画『トッツィー』(1982年)[5]を見ると、「男」が「女」を演じることも十分可能であることが確認できる。しかし、それ以上にこの映画は私たちに「ジェンダー」というものについて考える大きなヒントを与えてくれる。そこで以下ではこの映画のストーリーを少し詳しく紹介しながら話を進めることにしよう。

映画のなかでダスティン・ホフマンは、売れない男優マイケルを演じている。ある日マイケルは、ガールフレンドのサンディから、テレビドラマに登場する

病院の看護師長（婦長）役のオーディションが行われているという話を耳にする。オーディションを受けようと練習するサンディに対してマイケルは「もっと女らしく」、「ささやくような高い声でセリフを言わなきゃ、病院の婦長らしくないよ」とアドバイスをするのだが、元来、低いトーンの声の持ち主であるサンディは「自分はそんな声を出したことない」「責任ある立場にある婦長が、そんなか細い声を出すわけがない」と反論する。

　結局、サンディはオーディションに落ちてしまった。プロデューサーから語られた落選理由は「キミの演じる婦長は女らしくない」というものであった。サンディから一部始終を聞いたマイケルは、翌日、みずからこのオーディションを受けに出かける。もちろん、「男優」マイケルとしてではなく、女性用のカツラをかぶり、大きなファッショングラスをかけ、ハイヒールを履いた「ドロシー」という名の「女優」に変装（女装）してである。「ドロシー」がささやくような高い声でセリフを言い、長いつけまつげをパチパチさせながら看護師長の役のオーディションを受けたところ、見事にオーディションに合格してしまった。そしてプロデューサーは、ドロシーこそ探し求めていた「理想の女性」だと褒めたたえるのである。こうして「男優」としては一向に売れなかったマイケルは、「女優」ドロシーとして、瞬く間に大スターになってしまうのである。

　さて、これがこの映画の前半部分のあらすじである。映画では、役を勝ち取ったドロシーが、毎日長時間かけて家で身だしなみを整えるシーンが何度も登場する。マイケルはドロシーに「なる」ために、前夜からドライヤーを使ってカツラを入念にブローし、浴室で脛の「ムダ毛」を処理し、朝から長時間かけて顔にファンデーションを塗り、長い「つけまつ毛」をつけ、さらにビューラーでまつ毛を上げ、そこにマスカラをたっぷり塗った姿で出かけていくのである。鏡を見て体型チェックするシーンも挿入されており、クローゼット内の女性用ドレスの数も増えていく。そしてストーリーが進むにつれ、当初は違和感もあったマイケルの女装（ドロシーの）姿は、徐々に私たちの眼にもなじんでいくのである。

さて、映画『トッツィー』を見ていると、これまで私たちが「女」や「男」と想定してきたものへの疑問がわき上がってこないだろうか。たとえば、オーディションで看護師長役を勝ち得たのは、「本物の女性」であるサンディではなく、「女（ドロシー）の姿」をした「本当は男性の」マイケルであった。そして「女装」したドロシー（マイケル）は「本物の女性」であるサンディよりも数段「女らしかった」のである。

　たしかにドロシーの姿はとても「女らしい」。「彼女」はささやくような高い声で話すし、話しながら時々小首をかしげるようなしぐさも見せていた。そして驚く時には「Oh!」と、手で口や胸元を押さえるようなしぐさをする。これらはみな、私たちが「このしぐさをするのは女性」と認識している典型的な行為である。しかし同時に、現実社会では（映画のなかの「現実社会」においても、私たちが「今」を過ごしている現実社会であっても）、こうしたしぐさを「実際に」している「女性」を見つけるのはきわめて難しい（チャンスがあるとしたら、むしろドラァグクイーンの人たちのしぐさの方かもしれない）。私たちが「これこそが女性である」としてイメージしているような姿をした「女性」は現実にはどこにもいないのである。

　ところでドロシーを演じるマイケルが、ドロシーに「なっていく」過程は、よくよくふり返ってみると、私たちの周囲にもいる「女性」たちが、日常的に行っている作業とまったく同じ実践であることがわかる。現代社会に生きる「女性」たちもまた、ドライヤーで髪を入念にブローし、つけまつ毛をつけてビューラーでカールし、その上にマスカラをたっぷりつけて化粧を完成させる。そして、何も手を施さなければ自然と生えてくる「ムダ毛」を、こっそり「舞台裏」で処理しているのである。こう考えてみると、私たちが街中で見かける「女性」たちもまた、マイケルとまったく同じように「女装」している姿を私たちに見せているにすぎないのではないだろうか。同じように私たちが街中で見かける「男性」も、「男装」した姿を見せているにすぎない。そんな不思議な感覚を、映画『トッツィー』を見ていると感じてしまうのである。

2-3：「女」としての物語、「男」としての物語

　もっとも『トッツィー』は映画であり、ストーリー自体が「フィクション」である。では、「男」が「女」になることは現実にはありえないのだろうか。実は現実社会においても、ドロシー以上に長いあいだ、それも絶え間なく「女性」であり続けた「男性（性器の所有者）」がいることが報告されている。

　アメリカの社会学者ハロルド・ガーフィンケルが出会った「アグネス」は、いわゆる性同一性障害であった。性転換手術を受ける前のアグネスには、ボーイフレンドも、女性のルームメイトもいた。アグネスは自身が性同一性障害であることをボーイフレンドに対してだけはカミングアウトしていたが、一緒に住んでいたルームメイトもアグネスの勤める職場の人々も、彼女が「女性である」ことを疑うことはなかったという (Garfinkel, 1967 = 1987)。

　なぜ、アグネスは「女性」としてパッシング（通過）できた（＝自身の「秘密」を隠し通せた）のであろうか。それは彼女がちょうど『トッツィー』のドロシーのように、日々、「女性」としての自分を実践し続けたからにほかならない。それだけでなくアグネスは、周囲の女友だちから日々、「女性である」ということはどのようにすることなのかを学習し続けていたのである。若い女性同士のおしゃべりでは「通常」どのような話題が持ち出され、それらの話題に対して女友だちたちが、「通常」どのような体験談を語っているのか。そしてアグネス自身の体験談を語らなければならなくなった場面では、知人たちから見聞きしたエピソードをアレンジし、実際には自分自身が経験したわけではない、架空の「女性として」の物語を周囲の人々に語っていたのである。

　実は、このような「ライフストーリーの構築」というものもまた、アグネスだけに限らず、私たちがみな共通して行っているものである。私たちは、自身が過去に経験したすべてのことがらを人に披露できるわけでは決してない。私たちは語ることができるごまんとあるエピソードのなかから、その時々に「適切な物語」を選択しているのである (桜井 2002)。読者のみなさんも、友だち同士の会話のなかで、聞き手が何を期待し、どのようなエピソードをどのように組み立てて話せば喜んでもらえるかを、日々考えながら話をしていないだろう

か。あるいは周囲の人が「納得可能な」話にするために、ストーリーを整理したり組み立てなおしたりしていないだろうか。

アグネスが行っていたのもこれとまったく同じ作業である。彼女もまた、「女性として納得してもらえる話」を組み立てて周囲に語っていたのである。ただし、彼女の場合は、そこで語られるストーリーの源となったのは、自己ではなく他者の人生経験であった。ただそれだけの違いなのである。ちょうど若い人々がファッション雑誌を眺め、流行のファッションを真似するのと同じように、アグネスは女友だちが語るストーリーを真似して、自分のストーリーを作りあげていたのである。このようにアグネスが「女」であり続けることができたのは、私たちの社会が「女」や「男」について共通する「行為のルール」をもっているからにほかならない。そのルールをアグネスも周囲の人たちも知っていたからこそ、アグネスの「企て」は成功したのである。したがって、アグネスの実践は、この社会がもつ「女」や「男」についての秩序を破壊するどころか、むしろそれをきわめて忠実に再生産するものであったといえるのである（Garfinkel 1967＝1987、山崎1994）[6]。

以上みてきたように、私たちが想定している「女」や「男」とは、実はすべてフィクションなのである。私たちは、「フィクションとしての女性」や「フィクションとしての男性」がどのような姿をしてどのようなふるまいをするかのルールを知っているため、それにそってみずから「ジェンダーをしている」(doing gender) だけにすぎないのである（West & Zimmerman 1987）。しかし、その想像上の姿と完全に一致した「女」や「男」など、現実社会には一人も存在していないことには、私たちはほとんど気づいていないのである。

❸ 就職差別とジェンダー

3-1：「足の形」による差別はありうるか？

以上みてきたように、「女」や「男」というものは、人々がそこにまなざしを向けることによって、作り出された人為的なカテゴリーといえる。そのカテゴ

リーを生み出し、そこに特定の意味を付与するのが人間社会なのである。

さて、みなさんは、この章の前半で紹介した「足の形」の話を覚えているだろうか。あれを使ってここで一つ、架空の話をしてみよう。ある企業では、足が「ギリシャ型」の人はたくさん採用するが、「エジプト型」の人は少ししか採用しないとしよう。この話を聞いたらあなたはどう思うだろうか。あるいは、社会全体で人々が昇進する可能性や生涯賃金を比較してみると、「ギリシャ型」の人の方が昇進可能性も、生涯賃金もきわめて高いということになったらどう思うだろうか。

おそらく、こう聞いたらみなさんはとても不思議に感じるだろう。そして「なぜ足の形の違いだけでそんなに人生に違いが生まれるのだろうか？」と疑問に思うのではないか。そして仮に「ギリシャ型の人は中指が長いから採用時にも優遇され、昇進しやすいのも生涯賃金が高いのも当たり前である」とその理由を聞かされたら、その理由に納得できるというより、なんだかSF映画でも見ているように思うのではないだろうか。もしこれがSF映画のストーリーだったら、「エジプト型」の足をした人たちは、自分たちへの不当な差別に対して今ごろ反乱を起こしているかもしれない。

3-2：「女」と「男」というカテゴリー間の差別

もちろん、現代社会では幸いなことに、足の形の違いによって人々の雇用や昇進の機会が差別されることはない。しかしながら、これとよく似た話は現実社会のなかにも存在している。それは、「足の形」と同じように、身体の形状の一部分に着目した分類にすぎないはずの、「女」と「男」というカテゴリー間にみられる雇用や昇進の機会の差別である。

日本においては、1986年からいわゆる「男女雇用機会均等法」（雇用の分野における男女の均等な機会及び待遇の確保等に関する法律）と呼ばれる法律が施行されている。この法律は2度の改正を加えられ、今日の日本社会では雇用や昇進、その他の機会に際して男女の処遇に格差をつけることは建前としては禁止されている。しかしながら、いまだに就職活動中の大学生たちからは、「営業職には女

子は採ってもらえない」「最近の不況のあおりをうけて女子の総合職はほとんど募集していないから、一般職を狙うしかない」などといった話を聞かされる。いったいこれはなぜなのだろうか。

3-3：本当に女子学生は仕事を辞めるのか？

なぜ、企業は女子学生と男子学生との採用に格差をつけるのだろうか。このような問いに対してよく持ち出されるのは、「女性はどうせ子どもを産むと仕事を辞めるから安心して雇えない」という理由づけである。女性は子どもを産むから労働者として雇うのにはリスクが高いというわけである。

しかし本当にそうだろうか。ここでもう一度「フィクションとしての女性」というあの視点を思い出してほしいのである。はたしてすべての20歳代前半の女性のその後の人生は、「女性の人生」として予想された通りの人生をそれほどまでに完璧に歩んでいくといえるのだろうか。

毎日企業説明会や面接会場に現れる女子学生たちは、実際には個々バラバラの人間である。たとえそこで「女性」と一緒くたに分類されようとも、未婚化・非婚化が進む現代社会において、その一人ひとりが将来必ず結婚するという保障は一つもない。あるいは結婚しても、配偶者あるいは自身が不妊であるかもしれないし、子どもを産まないという選択をする可能性もある。つまり、「女性」と分類されることと「子どもを産む」こととは決してイコールではない。

その上、子どもをもつ女性がみんな仕事を辞められるかといったら、それこそ「おとぎ話」の世界に近い。仮に結婚できたとしても、今や若い世代の男性は、その4分の1が非正規雇用者となっている[7]。非正規雇用であるということは、雇用が安定していないばかりでなく、配偶者手当その他の家族手当をはじめ、各種の手当や福利厚生費などを会社が保障してくれないということでもある。また、幸いにも正規雇用の配偶者を見つけられたとしても、昨今では家族手当そのものが急速にカットされているのが現実である。つまるところ、今日の女性たちは結婚したからといって、配偶者の稼ぎに頼ることなどとうていできないような人生が待っているのである。

3　就職差別とジェンダー　31

戦後の日本企業は、社員の働きに対して支払われる正規の賃金に上乗せで支給される、これらの家族手当や保障を手厚くすることで優秀な労働者を囲い込むことに成功してきた。高度経済成長期に成立したこのシステムは、「家族丸ごと」会社が面倒をみるというシステムであり、家族の誰か一人が働けば（もっともその労働時間は酷いものではあったが）配偶者も子どもたちも経済的には安泰であった[8]。しかし、今やこのシステムは跡形もないほど崩壊しつつある。就職時に会社が家族丸ごとの生活を一生、確実に守ってくれるのは、長く見積もっても現在の40～50代くらいまでの世代に限られたことである（しかもその世代でさえ昨今リストラにさらされている）。日本型雇用システムの崩壊は、日本社会のなかに大きな世代間格差を生み出したのである。

　話をもとに戻そう。したがって、今の若い人たちの将来は、女性であれ男性であれ、親世代をモデルとすることはとうていできない。そのことはつまり、「女性」とカテゴライズされた人が過去そうであったようには、子育てを理由に離職する／できるとはかぎらないのである（むしろ家計の都合上、離職できない可能性の方が高いし、離婚やシングルマザーになる可能性を考えると、離職はリスキーでもある）。そう考えると、「女性は仕事を辞めるから、男性より労働者としてリスクが高い」という言説もまた、「フィクションとしての女性」像を語っているにしかすぎないのである。

　したがって、あなたがもし年長者たちから「女性は仕事を辞めるから」とか「女性だったら子育て中は仕事を辞めたほうがいいよ」とか言われたら、それは上の世代からの挑戦状だと思って適当に聞き流すことをお勧めしよう。若い人たちにはもはや、親世代たちのような安泰な暮らしは保障されていない。そのアドバイスをいちいち聞いていたりしたら、あなたやあなたの結婚した家庭は遠くない将来、経済危機に見舞われるかもしれないからだ。

　誰もがいつまで仕事を持ち続けることができるかわからないリスクを背負っているこれからの時代において、夫婦どちらもが働けるようにしておくことは、自身や家族の生存を守るのに非常に大切なことである。カッコつけて恋人や配偶者の前で「フィクションとしての女性」像や「フィクションとしての男性」

像を演じようとして、「じゃあ自分が仕事を辞める」、「大丈夫、家族は自分が働いて守る」と安易に選択したりしたら、後々、経済的に非常に苦しい人生と後悔が待ち受けている可能性が高い。

　だから万が一、あなたが人生の選択に迷ったら、「女性」と「男性」というカテゴリーを生み出し、両者の関係性を意味づける「ジェンダー」というものが、本質的なものではなく、人間社会のなかで構築されたものにすぎないことを思い出してほしいのだ。

（中西　祐子）

【注】

(1) 明治安田生命の調査より（明治安田生命 2010）。
(2) 「性」というものが、私たちが考えているよりもずっと複雑だということをわかりやすく理解できる本として、千田有紀（2009）『ヒューマニティーズ：女性学／男性学』（岩波書店）や、加藤秀一（2006）『知らないと恥ずかしいジェンダー入門』朝日新聞社がある。
(3) たとえば Justin Howse and Shirley Hancock（1988＝1999）『ダンステクニックとケガ：その予防と治療』には、足の型によって、バレエダンサーが怪我しやすい部位が異なることが指摘されている。
(4) かつて「ジェンダー」という概念は、「生物学的性差」である「セックス」に対する「社会的文化的性差」のことを指すものと説明されてきた時代もあった。しかし昨今ではこの二元論的な定義自体が否定されている。なぜなら、この世のなかには「生物学的性差」を根拠に正当化された性差別（たとえば「女性は妊娠するから雇用者として採用しない」などの言説。それは実際には「社会的に」意味づけられた「性差」である）というものも存在するからである（江原・山崎 2006：4）。現実には両者を分けることはきわめて難しく、旧来の定義だと「どこまでがセックスで、どこからがジェンダーか？」という不毛な問いを生み出すだけである。むしろ今日では、「ジェンダー」とは、「性差」／「性別」という認識枠組みを生み出し、そこに特別な意味を付与する「知」のことを指す概念であると理解されている。したがって、「生物学的性差」（セックス）もまた「ジェンダー」である。こうした視覚転換に大きく寄与したのがアメリカの哲学者ジュディス・バトラーの著書『ジェンダー・トラブル』（Butler 1990＝1999）である。
(5) シドニー・ポラック監督（1982）『トッツィー』Columbia Pictures.

(6) 本章が紹介した事例がどちらも「男性」が「女性」に「なる」という話で、その逆がないことを不思議に思う人もいるかもしれない。実はここで、「逆の話」が見つけにくいことこそが、現代社会における「男同士の絆」(ホモソーシャル)の強さとその閉鎖性、さらにはその優位性を如実に表しているものなのである。「正当な男性」とは、そのメンバーシップが厳しく制限されている。それゆえ、「男性」が「男性を降りて」メンバー外に勝手に出て行くことは許されても、「女性」が「男性に成り上がる」ことはほとんど許されないのである。トランスジェンダーの研究をしている佐倉 (2006) もまた、同様のことを指摘している。強固な「男同士の絆」によって閉ざされた「男性」集団というものを考えると、FtM (Female to Male：女性から男性へのトランスジェンダー) は、MtF (Male to Female：男性から女性へのトランスジェンダー) よりもトランス後の性別集団への受け入れに困難さがつきまとうと考えられるのである。
(7) 厚生労働省「労働力調査」によると、平成 22 年度 7〜9 月期の雇用者に占める非正規雇用の割合は、男性 15〜24 歳で 23.7％ (在学中を除く)、25〜34 歳で 15.4％であった。なお、女性の非正規雇用の割合は両年齢層ともに男性を上まわり、それぞれ 35.8％、40.5％である。すなわち非正規雇用の問題に直面しているのは、今も昔も変わらず女性の方が多いのである。(厚生労働省 http://www.stat.go.jp/data/roudou/sokuhou/4hanki/dt/zuhyou/dt013.xls より)。
(8) 詳細は落合恵美子, ([1994] 2004) を参照のこと.

【参考文献】

Butler, Judith, 1990, *Gender Trouble：Feminism and the Subversion of Identity*, Routledge.(＝1999, 竹村和子訳『ジェンダー・トラブル：フェミニズムとアイデンティティの攪乱』青土社.)

Connnel, Raewyn, 2002, *Gender*, Polity Press.(＝2008, 多賀太監訳『ジェンダー学の最前線』世界思想社.)

江原由美子・山崎敬一編, 2006,『ジェンダーと社会理論』有斐閣.

Garfinkel, Harold, 1967, "Passing and the managed achievement of sex status in an intersexed person" in Harold Garfinkel, *Studies in Ethnomethodology*, Prentice-Hall Inc.(＝1987, 山田富秋訳「アグネス, 彼女はいかにして女になり続けたか」,『エスノメソドロジー：社会的思考の解体』せりか書房.)

Howse, Justin and Shirley Hancock, 1988, *Dance Technique and Injury Prevention*, Routledge.(＝1999, 小川正三監訳・白石佳子訳『ダンステクニックとケガ：その予防と治療』大修館書店.)

加藤秀一,2006,『知らないと恥ずかしいジェンダー入門』朝日新聞社.
落合恵美子,［1994］2004,『21世紀家族へ〔第三版〕』有斐閣.
佐倉智美,2006,『トランスジェンダーの社会学』現代書館.
桜井厚,2002,『インタビューの社会学』せりか書房.
千田有紀,2009,『ヒューマニティーズ：女性学／男性学』岩波書店.
上野千鶴子編,2005,『脱アイデンティティ』勁草書房.
West, Candace and Don H. Zimmerman, 1987, "Doing Gender." *Gender & Society, 1*：124-51.
山崎敬一,1994,『美貌の陥穽：セクシュアリティーのエスノメソドロジー』ハーベスト社.

【参考資料・URL】

足と靴と健康協議会,2010,(2010年11月8日取得 http://www.fha.gr.jp/data/index.html).
外務省「パスポート申請用写真の規格について（平成19年4月3日更新）」(2010年11月8日取得,http://www.mofa.go.jp/mofaj/toko/passport/ic_photo.html).
厚生労働省「労働力調査」平成22年度7〜9月期(2011年1月19日取得,http://www.stat.go.jp/data/roudou/sokuhou/4hanki/dt/zuhyou/dt013.xls).
明治安田生命,2010,(2010年9月24日取得,http://www.meijiyasuda.co.jp/profile/etc/ranking/).
シドニー・ポラック（Pollack, Sydney）監督（1982）『トッツィー』Columbia Pictures.

3 相互行為のなかの私

「私」が自己に出会う時

0 はじめに

　2010年8月に公表された「国民生活に関する世論調査」によると、日頃の生活のなかでどのような時に充実感を感じるのかを尋ねたところ、「家族団らんの時」をあげた人がもっとも多く49.8％、ついで「友人や知人との会合、雑談している時」(44.7％)、「趣味やスポーツに熱中している時」(43.1％)の順となっている。図3-1は充実感を感じる時を年代別にみたものである。「家族団らんがもっとも充実を感じる時」を選択したのは30代から50代の「子育て期」の人々であるが、2番目に選択された項目に注目してみると、30代では「友人や知人との会合、雑談」、40代では「ゆったりと休養している時」、50代では「趣味やスポーツに熱中している時」とそれぞれのライフステージを反映したものになっている。また、20代、60代、70歳以上の年齢層では、「家族団らん」よりも「友人・知人との会合、雑談」や「趣味やスポーツに熱中している時」に充実感を感じる人が多い。

　このような結果から、日本人はどの世代においても家族や友人、知人といった「親しい人とのかかわり」、他者とのコミュニケーションのなかにより多くの充実感、生きている実感や喜びを得ていることがわかる。

　しかしその一方で、友人関係や異性関係、親子関係に悩んでいる人は多く、人づきあいの難しさを訴える人も多い。本章では、なぜ人は他者との結びつきを必要とするのか、そして、他者とのかかわり（相互行為）のなかでいかに「私」が＜社会的に＞形成されるのか。さらに、「私らしさ」がいかに＜社会・文化的コード＞にのっとって表現されているのかについて、これまでのアイデンティティに関する主要な理論を紹介しつつ、青年期に焦点をあてて考察していく。

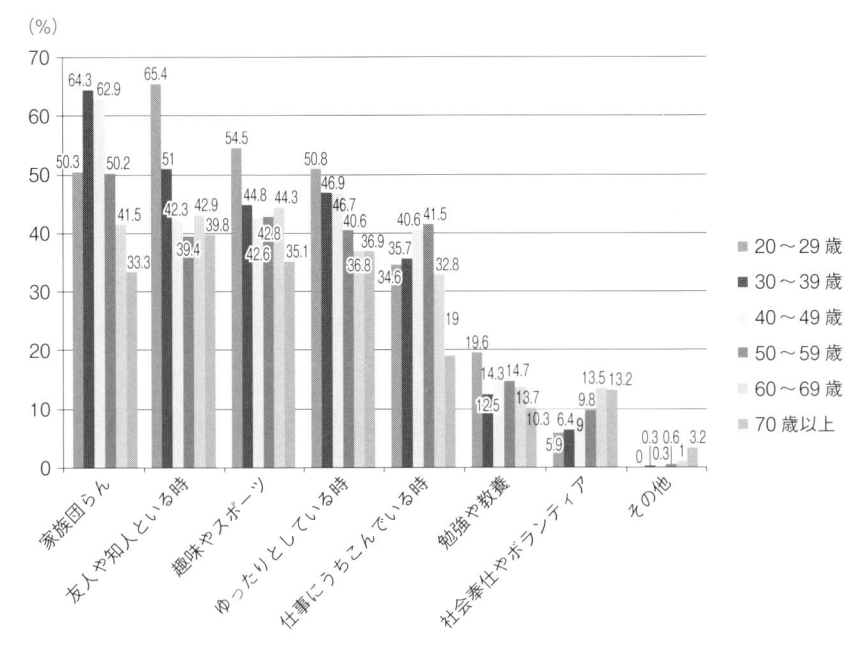

図 3-1　充実感を感じる時（年代別）（内閣府大臣官房広報室　2010）

① 「私」にめざめる青年期

　フランスの思想家ルソー（Rousseau, J. J.）は、著書『エミール』（1762）のなかで「我々はいわば二回生まれる。一回目はこの世に存在するために、二回目は生きるために。はじめは人間に生まれ、次は男性か女性に生まれる」と述べ、青年期はまさにこの「第二の誕生」の時期であると特徴づけている（Rousseau 1762＝1962-64 中：5）。

　また、アメリカの精神分析家である、エリクソン（Erikson, E. H.）は人間の発達を自我の発達に焦点をあててとらえ、ライフサイクルを8つの段階[1]に区分している。それは、フロイトの心理・性的な発達理論やユングの概念、自我心理学の成果に、対人関係や歴史的・社会的・文化的視点を加えて発展させたも

のである。エリクソンもルソー同様、青年期がみずからの個性を主体的に形成しながら、自分らしさを探し求める時期であり特別な意味をもつとし、以下のように述べている。

　　学校生活の後半になると、生殖器官の成熟という生理的な変化や、前途に横たわっている大人としての役割への不安などによって、悩むことの多い青年は、青年だけの下位文化を確立するとか、一時的というよりは最終的に、しかも事実上はじめてアイデンティティを形成しようという、かなり気紛れな試みをすることに大いに関心をもちはじめるように思われる。かれらが、時々は病的に、そしてしばしば奇妙なくらいに心を奪われているのは、自分が感じる自分の姿よりは、他人の眼に写った自分の姿であり、かつて習得した役割や技能と、その時代の理想像をいかにして結びつけるかという問題である。(Erikson 1968＝1973：166-167)

　上記のエリクソンの指摘のように、青年期にはまず、急速な身体的成長と性的成熟という大きな身体的変化にさらされ、これまでの自己認識や自己イメージが動揺することになる。そのため青年は時として、大人からみると異常なまでに他者の目を気にする。自分のあり方を見つめるために、自分が他者からどのように見えるかが気になり、鏡に向かう回数も増える。他者と容姿や才能、性格までも比較してみたり、鏡に映る自分の姿が自分が求めている基準よりも低いと感じたり、他人よりも劣る存在として劣等感に苛まれることになる。また、これまで無意識的に生きてきた自分や、家族や周囲の期待に応えてきた自分と、みずからの理想やなりたいと思っている自己像や行動パターンとのあいだに格差を感じ、ジレンマに陥ることもある。

　さらに、青年は自分自身の判断で行動したいという欲求が高まり、親や教師といった周囲の大人から子ども扱いされると、自分を圧迫している、自分の行動を阻害している、といった感情が起こり、「理由なき反抗」や生意気な行動をとったり、既存の権威や制度などに対して反抗的、暴力的態度を示す場合もある。

　このように自我にめざめる青年期は、一方では「危機」の時代とも呼ばれて

いる。青年の理想とかけ離れた現実に対する批判は、理想への情熱が強いだけに非常に激しく、その批判の矛先は自己にも向けられ、時として現実の自己を全面否定するような過激なものになる。思春期にみられる拒食症・過食症やひきこもり、あるいはスチューデントアパシー[2]と呼ばれるような症状は、この例であるといえよう。

青年期における発達課題[3]は、今までの幼い自分の殻を打ち破り、大人への不安を乗り越え「アイデンティティ（自我同一性）を確立する」ことである[4]。これは、「自分とは何者か」、「自分は何になりたいのか」という問いに対する答えを模索する過程でもある。よって、上述のような劣等感や反抗心、対立や葛藤は、程度の差こそあれ誰もが抱く感情であり、これをバネにしてこそ「あるべき自己」、「新しい自分」を探求することが可能となるといえよう。

❷ 「私」が自己と出会う青年期の友人関係

自己を模索する過程においては、自分が「どのような人間なのか」を知る、すなわち自己認識が必要となる。「自分を知りたい」という気持ちは、青年だけが抱くものではないが、高校生や大学生という青年期には、進学や就職といった自分の将来を左右するような選択を迫られるため、自己を認識し再構成する必要性が生じ、その結果としてほかの世代よりも「自己認識欲求」が高まることになる。しかし、自分の考え方や価値観に関する認識は、自分の行為に対する周囲の人からの反応や批判などの客観的情報によるところが大きい。つまり、自己認識や自己イメージは、他者の反応を鏡に映った自己の様子として解釈すること（すなわち、「鏡としての他者」）を通じて知ることができるのであり、自我はまさに他者との相互作用のなかで社会的に形成されるのである。さらに、「他者からも認められる自分でありたい」という承認欲求があるがゆえに、他者の影響から少しずつ離れ、主体的な自分を再構成することが課題となる青年期においても、他者の存在は必要不可欠なのである。

このようなことから、青年期に多くの時間を共有する他者、とくに友人との

かかわりは重要であると見なされている。表3-1は5ヵ国の青年に対して悩みや心配事の相談相手について尋ねた結果である。日本は1位が「近所や学校の友だち」で約6割を占める。また、「恋人」に相談する比率も21.8％あり、家族以外の親しい他者への依存度は家族に勝るとも劣らない結果となっている。それは、この時期の悩みは、通常、親をはじめ大人には相談しにくい（むしろ話さない）内容があるため、不安定な青年の心の支えとなるのは、同様の悩みをかかえる同年代の仲間との深い結びつきが必要であるからだ。

　また、表3-2は学校に通う意義について尋ねたものであるが、日本は「友だちとの友情を育むため」を選択する比率が61.5％ともっとも高い。アメリカやドイツでは「一般的・基本的知識を身につける」が、韓国では「学歴や資格を得る」、スウェーデンでは「自分の才能を伸ばす」がそれぞれ1位となっており、他国では、知識や教養、能力を習得することに重点がおかれているが、日本では友人関係の形成に重きがおかれていることがわかる。

　友人関係の意義は、意見や欲求の対立を通じ、子どもが自分の思い通りにならない世界のあることを知り、自己の欲求をコントロールし相手との関係を調

表3-1　悩みや心配事の相談相手（各国比較）　　　　　　　　　　(%)

国名　順位	1位	2位	3位	4位	5位
日　本	近所や学校の友だち 59.5	母 43.6	恋人 21.8	父 20.3	きょうだい 18.2
韓　国	近所や学校の友だち 65.1	母 34.0	きょうだい 21.6	恋　人 16.9	父 16.1
アメリカ	母 57.9	父 34.4	恋　人 32.8	近所や学校の友だち 32.2	きょうだい 30.5
スウェーデン	母 60.3	近所や学校の友だち 52.3	きょうだい 38.9	恋　人 36.8	父 35.3
ドイツ	母 63.4	父 40.4	恋人 30.6	近所や学校の友だち 29.1	きょうだい 21.1

（内閣府政策統括官（共生社会政策担当）2003）

表 3-2　学校に通う理由（各国比較） (%)

国名　順位	1位	2位	3位	4位	5位
日　本	友だちとの友情を育む 61.5	一般的・基礎的知識を身につける 51.0	学歴や資格を得る 42.5	専門的な知識を身につける 41.2	自分の才能を伸ばす 27.9
韓　国	学歴や資格を得る 52.5	友だちとの友情を育む 45.3	専門的な知識を身につける 42.5	一般的・基礎的知識を身につける 39.2	職業的技能を身につける 32.1
アメリカ	一般的・基礎的知識を身につける 80.2	学歴や資格を得る 53.9	専門的な知識を身につける 51.7	職業的技能を身につける 51.7	先生の人柄や生き方から学ぶ 47.3
スウェーデン	自分の才能を伸ばす 68.4	一般的・基礎的知識を身につける 56.7	友だちとの友情を育む 62.3	職業的技能を身につける 49.9	学歴や資格を得る 49.9
ドイツ	一般的・基礎的知識を身につける 75.0	専門的な知識を身につける 44.3	自分の才能を伸ばす 41.7	友だちと友情を育む 36.7	学歴や資格を得る 26.5

（内閣府政策統括官（共生社会政策担当）2003）

整するすべを学ぶことにある。また、友人関係は「対等性」が特徴であることから、むしろ精神発達とのかかわりでその役割が議論されてきたが、近年、日本の青年の友人関係では、深いかかわりを回避し形式的で表面的な関係にとどまろうとするケースが出現している。知識や教養を身につけることよりも、また、親やきょうだいよりも大切な存在である友人との関係において、日本の青年は、互いに傷つかないように、自他の内面に立ち入ることを避け、無理にでも明るくふるまい、波風を立てないよう「空気を読み」、過剰なまでに気を遣う。

このような状況から、現代日本社会では、全般的に友人関係が希薄化しつつあると指摘されているが、次節以降では、人間関係の基礎を育む家族などの親しい人々とのかかわりやその役割についてみていこう。

3　「親密な他者」とのかかわりのなかで育つ「私」

人間は他の人間とさまざまな関係をもち、互いに影響を及ぼしあいながら生きている。家庭では家族と、学校ではクラスメイトやサークル仲間、先輩や教

師と、職場では同僚や上司・部下と、というように日々の生活の場面ごとに多くの人々とかかわりをもっている。このように対人関係は多種多様であり、しかも親密度、血縁、役割、行動や価値観の共有度などによってつきあい方が異なるため、さらに複雑さを増すことになる。しかし、私たちにとって重要なのは、家族や友人のような「親密な他者」である。

社会学では、親密な関係によって成り立っている家族や子どもの遊び仲間、大人の近隣集団や地域集団を「第一次集団」[5]といい、企業や労働組合、政党、または、大学や宗教集団、国家などのように特定の目的・利害・関心に基づいて、人々が意図的に集まった大規模な集団を「第二次集団」[6]という。

では、第一次集団において、「私」はいかに形成されていくのだろうか。

アメリカの社会学者、ミード（Mead,G.H.）は著書『精神・自我・社会』のなかで、母親と乳児の関係において、乳児が母親の行動を予測し、これに基づいてみずからの欲求を充足するパターンを習得するプロセスに注目し、自我形成における他者の重要性（「自我の社会性」）を指摘するとともに、パーソナリティにおける社会化のメカニズムについて考察した。さらにミードは、社会と個人の相互作用に関心をもち、自我（the self）や精神が社会的相互作用のなかで形成されるという観点から、そのメカニズムを＜Ｉ＞（主我）と＜me＞（客我）の概念によって明らかにした。

具体的には、他者との相互作用の過程のなかで、ことばや身振りなどの「意味のあるシンボル（significant symbol）」を習得し、他者の役割や態度を、自分で自分に差し向けみずからのうちに「他者によって期待されている役割」（「他者役割の採用《taking the role of the others》」）として取り入れ、＜me＞を形成する。次いで、この＜me＞に対して、同調する、あるいは批判するという＜Ｉ＞の反応、すなわち、＜Ｉ＞と＜me＞との相互作用によって完全な自我が発達するというものである。さらに、幼児期の「ごっこ遊び」や青少年期のスポーツなどの「ゲーム」を通して、他者の役割取得や複数の相異なる役割の相対化と統合をシミュレーション的に経験する。そして、このような経験を積み重ねることによって、一人の特定の個人ではない、社会全体の規範の総体である「一般

化された他者（generalized others）」（Mead 1934 = 2000：192）の態度（役割）を取得し、個人は統一性のあるより完全な自我、すなわち社会性をもった個人が形成されるのである[7]。

イギリスの精神医学者であるレイン（Laing, R.D.）もまた、自己意識の形成にとって他者が不可欠な前提条件であるとし、「女性は、子供がなくては母親になれない。彼女は、自分に母親のアイデンティティを与えるためには、子供を必要とする。……＜アイデンティティ＞にはすべて、他者が必要である。誰か他者との関係において、また、関係を通して、自己というアイデンティティは現実化されるのである」（Laing 1961 = 1975：94）と述べている。これは、母親が「母親アイデンティティ」を獲得するためには、子どもという「他者」の存在がなければならないということである。つまり、「自分が何者であるか」は、「他者による自己の定義づけ」（Laing 1961 = 1975：99）があってはじめてなされることになる。このように、他者が「私」を承認することが、「私」の存在証明を補い、確実なものにする。そして、他者もまたひとりでは得られない存在証明を「私」が他者に与えることによって、他者も存在を確実にすることができるのである。レインはこれを「補完性」（Laing 1961 = 1975：94）と呼び、「アイデンティティ」形成過程における「他者」、とくに「親密な他者」の存在および他者からの承認の重要性を強調した。

私たちは「親密な他者」とのかかわりのなかで、さまざまな役割や立場をシミュレーション的に学ぶことによって人間関係におけるノウハウを習得する。しかし、近年、日本の家族においては、核家族や少子化など家族構成人数の減少や家族機能、とくに教育機能の外部化によって、役割が固定化し、「一般化された他者」の態度を習得することなく社会に参加するケースが増えている。クラスやサークル、日常会話で登場する「キャラ」や「キャラ設定」は、そのグループのなかでの一定の役割を与えられる、すなわち、固定化されることを意味する。よって、アイデンティティが形成途中である場合やそれが脆弱である場合、他者から決められた「キャラ」を受け入れてふるまうことは、自分自身を否定されないため、傷つかないための「やさしい関係」を持続するためであ

り、自己防衛的行為であるといえるだろう[8]。

4 自己感情から見出す「私」

「私」が自己と出会う機会は他者以外にもある。

たとえば、友人と映画を観にいって、自分はあまりおもしろくないと思ったにもかかわらず、「今観た映画、すごく良かったね」と言われて首を傾げたこと、また、ショッピングに行って、自分が「いいな」と思ったものに対して、「え～、何それ～。そんなのダサ～イ」などと否定された、という経験はないだろうか。このようにある事柄・事象に対して、自分がどのような「感情」をもつのか、そして、他者がどのような「感情」をもっているのかを客観的に把握することは、他者の存在と同様に自分自身を知る機会となりうるのである。

アメリカの社会学者ホックシールド（Hochschild, A.R.）は、あらゆる感情にはシグナル機能があるとし、「すべての感情は、他者を見るがごとく自分の状態を教えてくれる」（Hochschild 1983＝2000：32）と述べている。彼女は、フライト・アテンダントの事例研究を通して、日常生活の相互行為場面で人々が「適切」な感情を抱くこと、すなわち、社会・文化的につくられ「感情規則（ルール）」にしたがって表現されることに注目し、感情の社会性および感情の操作性を指摘した。たとえば、結婚式やお葬式などを考えてみてほしい。結婚式では喜びの、お葬式では悲しみの感情を表現をしなければ、他の出席者から「あの人の態度は何だ」と非難されることになる。また、日本人の「空気を読む」という行為は、日本社会では日常生活のさまざまな場面で、感じなければならない感情である「管理される感情」があること、そして、それにしたがってその「場」にふさわしいとされる行動をとらなければならないという暗黙のルールが存在していることを明らかにしている。このようなことからも、私たちの感情が単に個人的なものでなく、社会的・文化的影響を強く受けていることがわかるだろう。

また、リッツアー（Riter,G.）は、ファーストフード店員の行動を分析し、「マ

ニュアル」に基づいて感情が操作されていることを明らかにした (Ritzer 1996＝1999：138-141)。2 つの研究に共通していることは、いずれも仕事の場面で、顔の表情を「スマイル」に操作するだけではなく、自分の感情そのものをも「マニュアル」に規定された通りに操作しなければならないことを明らかにした点である。現代日本においても、サービス業などの進展によって、自分の感情をも労働の一部として「商品化」するという、「感情労働」が要求される社会になってきている。

5 「私」をいかに演出するのか

　私たちは、日々出会う他者についてその人がどのような人物なのかを知ることに強い関心をもっている。ゴフマン (Goffman, E.) は見知らぬ者同士の出会いの場面における人々の行動を観察して、「ある行為主体が数人の人が居合わすところへ登場すると、通常彼らは新来者について情報を得ようとするか、あるいは彼について彼らがすでに所有している情報を活用しようとする」(ゴフマン 1974：1) と述べている。私たちは他者の服装、髪型、メイク、アクセサリーや持ち物、表情、しぐさや身振り、ことばづかい等々、さまざまな情報、すなわち、表現メディアを媒介にしてその人がどのような人物であるか、自分にとってどういう存在であるのかを判断、かつ、分類しようとするのである。
　ゴフマンはまた、私たちが対面的状況において、「(行為主体である) エゴが他者の前に表れる場合、一般的にいって、伝達することが自分の利益になる印象を与えるように、自分の挙動を操作」(Goffman 1959＝1974：4) しようとする行動に注目した。このような意識的、無意識的に人に見せたくない自分を隠し、人に見せたい、見てもらい自己を表現するべく自己を演出し、自己を他者によりよく印象づけ、他者からの是認や評価を高める、あるいは信頼を獲得するための行為を「印象操作 (impression management)」と呼んだ。若い女性が化粧をしたり流行の色に髪を染めたり、ダイエットに励むのも、他者からの印象を良くし、より多くの利益を得る (たとえば、「かわいい」と言われること) ための印象操作

であるといえよう[9]。

　しかし、良いとされる印象の内容や基準は、国や地域、時代や文化、性別、世代などによってさまざまに異なるものである。図3-2にしたがって「印象操作」についての一連の行動について説明してみよう。たとえば、同じ日本であっても、平安時代の女性の美しさ（長い黒髪、切れ長の目、瓜実顔、お歯黒など）と現代ではその内容や基準は大きく異なる。しかし、時代や文化が異なろうとも「制度・言説」などによって一度「美しさ」や「格好良さ」が規定されると、目標達成のための行動指針である「スクリプト・マニュアル」[10]が呈示される。現代ならば、性別や世代ごとにファッションやメイク、好まれる会話術やライフスタイルまでもが呈示されているファッション誌が、ある種の「マニュアル」として大きな役割を果たしているといえよう。人々は他者からの承認を得るために、マニュアルに沿って実践（慣習的プラクティス）するが、その過程では、成功すると誉められ、失敗すると非難されるといった試行錯誤を通して是認的行動を習得し、社会に受け入れられているという「実感」をもつことができるようになる。

　このようなことから、個性を発揮するための手段であり、対人関係を有利に遂行していくための「戦略的行為」であるはずのファッションやメイクなども、

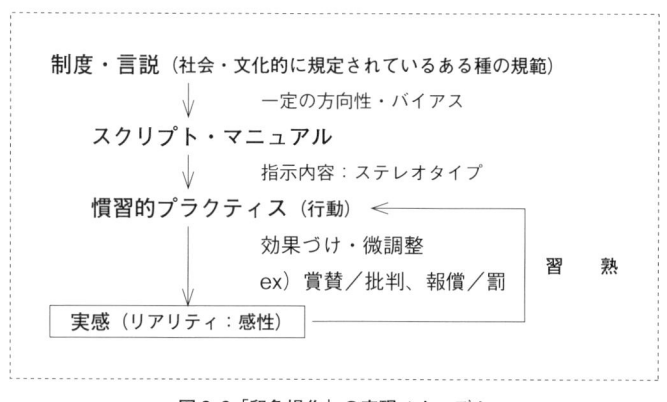

制度・言説（社会・文化的に規定されているある種の規範）
↓　　一定の方向性・バイアス
スクリプト・マニュアル
↓　　指示内容：ステレオタイプ
慣習的プラクティス（行動）　←
↓　　効果づけ・微調整　　　　｜習熟
　　　ex）賞賛／批判、報償／罰　｜
実感（リアリティ：感性）　―――

図3-2 「印象操作」の表現メカニズム

その時どきの流行を取り入れるということであることから、社会文化的に規定されたある種の「規範」や「基準」を受け入れるということになる。つまり、「ある種のコードに従属している」ということにほかならないのである。

かつて、イギリスの社会学者であるホール (Hall,S.) が、「『アイデンティティ』という言葉を、出会う点、縫合の点という意味で使っている。つまり、『呼びかけ』ようとする試み、語りかける試み、特定の言説の社会的主体としてのわれわれを場所に招き入れようとする試みをする言説・実践と、主体性を生産し、『語りかけられる』ことのできる主体としてわれわれを構築するプロセスとの出会いの点、<縫合>の点という意味である」(Hall 1996 = 2001：15) と述べているが、私たちの個人的アイデンティティ、そしてそれに基づく「私らしさ」の表現も他者との相互作用、さらに、社会や文化との相互作用によって形成されるといえるのである。

(大屋　幸恵)

【注】

(1) エリクソンは、人生を「乳児期」「幼児前期」「幼児後期」「児童期」「青年期」「成人前期」「成人期」「老年期」の8つの段階に分けて、それぞれの発達段階にはあらかじめ課題 (「心理・社会的危機」ともいう) が設定されていると主張した。青年期における課題は「アイデンティティ対アイデンティティの拡散」であり、重要な対人関係の範囲として、仲間集団と外部集団の指導性のモデルに注目した。

(2) 無気力・無感動のこと。青年期の男性に多い神経症の一つで、アイデンティティの混乱に由来するものである。

(3) ハヴィガースト (R.J. Havighurst) は『人間の発達課題と教育』(1948 = 53) において、「青年期における発達課題」として、① 同年齢の男女との洗練された交際、② 男性、女性としての社会的役割、③ 自分の身体の構造を理解し、身体を有効に使う、④ 両親や他の大人からの情緒的独立、⑤ 経済的独立についての目安、⑥ 職業選択とそれへの準備、⑦ 結婚と家庭生活への準備、⑧ 市民として必要な知識や態度の発達、⑨ 社会人としての自覚や責任ある行動、⑩ 行動の指針としての価値や倫理体系の形成、などをあげている (Havighurst 1948 = 1953)。この根底にあるのは、他者との情緒的なつながりをもつコミュニケーションスキルの習得と両親からの精神的・経済的自立であるといえよう。

(4) アイデンティティについては、第 1 章第 1 節第 1 項 (p.3) および第 5 章第 2 節第 3 項 (p.73) も参照のこと。
(5) クーリーの創出した集団概念 (『社会組織論』1909) であり、彼は、「正常な自我は、その意志意欲 (ambition) が集団に共通する考え方によって形成される『社会的自我』となるように、第一次集団の中で形成される」と述べ、第一次集団が人間のパーソナリティや社会性を形成する上での「原型」として重要であることを強調した。第一次集団の機能的特徴としては、① 直接接触 (「face to face」関係) による親密な結合を中心として、② メンバーのあいだに連帯感と一体感が存在すること、さらに ③ 成長後も持続される、幼年期の道徳意識を形成する社会的原型 (基盤) であること、④ 他の集団との関係を強化し、安定化させ、社会的秩序の形成に貢献すること、などがあげられている (Cooley 1909 = 1970)。
(6) クーリーが提示した第一次集団の概念に対して、これとは対照的な特徴をもつ集団を、その後の研究者たちは第二次集団と呼ぶようになった。その特徴は、① 間接的接触を基礎とし、② 特殊な利害関係に基づいて選択的に形成され、③ 多少とも意識的に組織された集団である。
(7) ミードの議論については、第 1 章第 1 節第 3 項 (p.4) も参照のこと。
(8) キャラについては、第 1 章第 2 節第 3 項 (p.8) も参照のこと。
(9) 印象操作については、第 1 章第 2 節第 2 項 (p.7) も参照のこと。
(10) 「スクリプト」とは、演劇や映画等の台本のことであり、それぞれのキャストごとにせりふや動きなどが記されており、キャストはそれに基づいて行動すると、その場を破綻なく過ごすことができる。

【参考文献】

Cooley, Charles Horton, 1929, *Social Organization*, Charles Scribner's Sons.（＝ 1970 大橋幸他訳『社会組織論』青木書店.）

Erikson, Erik Homburger, 1968, *Identity：Youth and Crisis*, W.W.Norton & Company, Inc.（＝ 1973, 岩瀬庸理訳『アイデンティティ』金沢文庫.）

Goffman, Erving, 1959, *The Presentation of Self in Everyday Life*, Doubleday & Company.（＝ 1974, 石黒毅訳『行為と演技』誠信書房.）

Hall, Stuart, 1996, "Introduction：Who Needs Identity?", Stuart Hall and Gay eds., 1995, *Questions of Cultural Identity*, London：Sage Publications, 1-17.（＝ 2001, 宇波彰訳「誰がアイデンティティを必要とするのか？」, 宇波彰監訳『カルチュラル・アイデンティティの諸問題：誰がアイデンティティを必要とするのか？』大

村書店.)
Hochschild, Arlie Russell, 1983, *The Managed Heart*:*Commercialization of Human Feeling*, Unirersity of California Berkley:Press.(＝2000, 石川准・室伏亜紀訳『管理される心　―感情が商品になるとき』世界思想社.)
Laing, Ronald David, 1961, *Self and Others*, London:Tavistock.(＝1975, 志貴春彦・笠原嘉訳『自己と他者』みすず書房.)
Mead, George Herbert. edited and with an introduction by Morris, C. W., 1934, *Mind, Self and Society*:*from the standpoint of a social behaviorist*, Chicago:The University of Chicago Press.(＝2000, 河村望訳『デューイ＝ミード著作集6　精神・自我・社会』人間の科学社.)
内閣府大臣官房広報室, 2010,「国民生活に関する世論調査（平成22年6月）」内閣府ホームページ(2010年8月27日取得, http://www8.cao.go.jp/survey/h20/h20-life/2-1.html)
内閣府政策統括官（共生社会政策担当）, 2003,「第7回世界青年意識調査」内閣府ホームページ(2010年8月27日取得, http://www8.cao.go.jp/youth/kenkyu/worldyouth7/html/mokuji.html)
Rousseau, Jean-Jacques, 1762, *Émile, ou de l'éducation*.(＝1962-64, 今野一雄訳『エミール（上）（中）（下）』岩波書店.)
Ritzer, George, 1996, *The McDonaldization of Society an Investigation into the Changing Character of Contemporary Social Life*, revised edition, Thousand Oaks, California Pine Forge Press.(＝1999, 正岡寛司監訳『マクドナルド化する社会』早稲田大学出版部.)

4 恋愛関係のなかの私

0 はじめに

　かつて思想家の吉本隆明は、「恋愛は論じるものでなく、するものだ。と同じように性にまつわる事柄は、論じられるまえに、されてしまっていることだ」(吉本・芹沢 1985)と述べた。このフレーズは多くの男性の思想家たちに愛され、何度も引用されてきたが、本当にそうだろうか。

　私たちは多くの事柄を、論じる前にすでにしてしまっている。食について論じる前に、私たちは食物を摂取せざるをえないし、何よりも死について論じても仕方ないのに、死ぬ前に論じている。「人生とは論じるものではなく、実際に生きるものだ」といっても構わないのに、そういいきる人はあまりおらず、多くの人生論が書かれている。それなのに、恋愛や性にかんしてだけ、論じる必要もないくらいに「当たり前」のことがらであると信じられている。

1 恋愛とは何か

　恋愛や性愛が「当たり前」であり、時に「本能」にまでなったのは、おそらく近代社会に入ってからである。前近代社会の誰か、たとえば江戸時代の人に、「恋愛ってなんですか」と聞いたとしても、おそらく何も答えられないのではないだろうか。そもそも恋愛という単語自体、明治20年代に、英語の love の翻訳語として作り出されてきたものだ。このような単語は、恋愛にかぎらず、たくさんある。哲学もそうだし、社会もそうだ。家族も、家庭も、人格も、多くの言葉が、欧米の、とくに英語の単語の翻訳語として作り出されてきた。これらの言葉ができる前には、これらの単語に当たる事象は、想像することすら難

しかった、ということができるかもしれない。

　江戸時代において、多くの人は、共同体のなかで暮らしていた。農民であれば、自分が産まれた村を出ることなく、その土地で生まれ、死んでいった。多くの人には、移動の自由がなかったからである。現在、「あなたは誰ですか」と聞かれると、多くの人は、「私は〇〇××という名前の人間だ」、「女です」、「男です」、「日本人です」、「学生です」などと答える。江戸時代ならば、おそらく多くの人が「〇〇村の××」と答えるだろう（江戸時代は「家」制度があったと考えられがちだが、士族階級以外の人口の約9割の人には、「苗字」は許されていなかった。もちろん「屋号」が使われることはあったようだが）。

　また国民が主役であると考えられる国民国家が成立していなかったので、日本の共通語である「日本語」はまだなかった。「日本」の外延すら確定されていなかった当時、自分が「日本人」であると考える人はいないだろう。「日本」は実際に存在するのではなく、近代に入ってから、私たちの頭のなかに存在させられるようになった「想像の共同体」である。共同体は性と年齢によって統制されていたが、ことさら「男」や「女」という性別を、人々がアイデンティティの核にもっていたかどうかは謎である。そもそも、「わたしは誰か」ということを示す「アイデンティティ」という言葉自体がカタカナで書かれていることからも想像がつくように、「あなたは誰か」という問いは、前近代においては問われることのない問いだったのである。

　身分制度が確立されていた前近代においては、自分は生まれた地位以外の「誰か」になる必要はなかったし、なることはできなかった。このような時代には、「恋愛関係のなかの私」は存在していなかった。そもそも「恋愛関係」も「私」も、今の私たちの理解するようなものとしては存在しなかったのだから。

2　恋愛の誕生

　「恋愛」が近代の産物であるとしたら、江戸時代にもてはやされていたのは、「好色（いろ）」である。江戸において性愛が閉じ込められたのは遊郭であり、遊郭にお

いて客と遊女の間に成立しうる、ある種のルールに従ったふるまいが「いろ」を構成するのである。そこで「いろ」を極め、虚構の世界をうまく演出することが、「野暮」の対極の「いき」と呼ばれた。

九鬼周造はこの「いき」に、日本に独自の生き方をみたが（それが正しいかどうかは、ここではとりあえず置いておくとして）、「いき」の構造は「媚態」と「意気地」と「諦め」との三契機からなっているという。遊郭における「媚態」と「意気地」は理解しやすいかもしれないが、「諦め」というのは現代の恋愛とは相いれないだろう。ここでいう「諦め」とは、「運命に対する知見に基づいて執着を離脱した無関心」であり、「いき」を「垢抜」に導くものである。「『諦め』したがって『無関心』は、世智辛い、つれない浮世の洗練を経てすっきりと垢抜した心、現実に対する独断的な執着を離れた瀟洒として未練のない恬淡無碍の心である。『野暮は揉まれて粋となる』というのはこの謂にほかならない」（九鬼 1930）。江戸時代において理想とされる性愛は、現実とはかけ離れた世界で作られる虚構の世界にすぎなかったのである。

では現在の恋愛の起源とはどこにあるのだろうか。それはヨーロッパの宮廷風恋愛にあるといわれている。中世においては、騎士が貴婦人に思いを寄せることが、ひとつの恋愛の理想形として、考えられていた。この場合、騎士の恋愛の対象である貴婦人は、未婚ではなく、既婚者だった。そして恋愛のゴールは、「結婚」ではなかったのである。

ドニ・ド・ルージュモンは、『愛について』で、恋愛の起源である「宮廷風恋愛」は、結婚と鋭く対立すると指摘した。この恋愛は、結婚によって直接に婚資として、また相続によって土地を得ることのできる封建制度の慣習への反動であるという。この「情熱恋愛」は、情熱的でありながらもむしろ「禁欲的」であり、「われわれは、この情熱恋愛が結婚を徹底的に否定することを、認めぬわけにはいかない」（Rougemont 1939＝1993：95）。またモンテーニュも、『随想録』（1580）で、恋愛と家柄や財産を維持するための結婚は別であると主張している。つまり恋愛は起源においては、結婚とは結びつくものではなかった、むしろそれを否定するものだったのである。

日本で「恋愛」という概念をはじめて広めたのは、明治時代の作家の北村透谷である。彼は「厭世詩家と女性」(1892) において、「恋愛は人世の秘鑰なり、恋愛ありて後人世あり、恋愛を抽き去りたらむには人生何の色味かあらむ」という。つまり恋愛は人生の秘密の鍵であり、恋愛があってはじめてひとが存在する。恋愛がなければ人生はなんと味気ないものになってしまうのだろうか、というのである。「恋愛は一たび我を犠牲にすると同時に我れなる『己れ』を写し出す明鏡なり。男女相愛して後始めて社界の真相を知る」。恋愛は自己犠牲であり、と同時に、私という「自己」を写し出す曇りのない鏡である。そして男女がお互いに愛しあってはじめて、社会の真実というものを知ることができるのだ、つまり恋愛を通じて「人生」や「社会」の真実や秘密に到達することができるのだというのである。
　この「恋愛」という概念が日本語に誕生したのと同じ頃、「人格」という概念もまた翻訳語として成立している。このふたつはある意味で結びついて、恋愛こそが自己の存在やアイデンティティを規定する際の大きな要因となるべきであると考えられた。
　また透谷にとっても、宮廷風恋愛と同じように、結婚と恋愛とは対立するものである。「風流家の語を以て之を一言すれば婚姻は人を俗化し了する者なり」。「怪しきかな、恋愛の厭世家を眩せしむるの容易なるが如くに、婚姻は厭世家を失望せしむる事甚だ容易なり」。結婚とはひとを世俗化し、恋愛が魅惑的であるのと同じように、結婚が失望をもたらすことを、不思議なことだというのである。そして、「嗚呼不幸なるは女性かな、厭世詩家の前に優美高妙を代表すると同時に、醜穢なる俗界の通弁となりて其嘲罵する所となり、其冷遇する所となり、終生涙を飲んで、寝ねての夢、覚めての夢に、郎を思ひ郎を恨んで、遂に其愁殺するところとなるぞうたてけれ、うたてけれ」と、恋愛時代に「優美高妙」であった女性が、結婚によって「醜穢なる俗界の通弁」にまで落ちてしまうことを、嘆くのである。この高邁な自我と自我の結びつきであるはずの恋愛と、凡庸で通俗的な結婚生活との矛盾に耐えきれなかったかのように、透谷は自殺してしまう。この恋愛と結婚の矛盾については、また4節で検討しよう。

2　恋愛の誕生　　53

③ 対幻想と性的欲望

「男」と「女」の恋愛を、アイデンティティのゲームとして理論化したのは、社会学者の上野千鶴子である。上野は、先に引用した吉本隆明の『共同幻想論』から、自己幻想、共同幻想、対幻想の三つの幻想を引き継ぎ、このなかから、対幻想に焦点を当て、対幻想を男と女のあいだに成り立つアイデンティティのゲームであり、自己幻想や共同幻想に対立する契機を孕んでいるものとして考えた。上野によれば、自己幻想と共同幻想は、通底するものがあるという。

> 同一化対象の拡大は、自己の極大化と極小化の二つの過程を同時にひきおこす。だから「朕は国家なり」と言ってみても、「神の前の卑小なわたくし」といってみても内実は変わらない。「神」とはいずれ「わたしのようなもの」だからである。神が絶対的な他者としてあらわれるのは、ただ共同体が個人に対して絶対的な他者としてあらわれる事情とひとしい。そして共同体とは、「わたしのようなもの」の集合にほかならない。（上野 1986：5）

上野によれば、自己を同心円状に拡大していったものが、共同体である。しかし、対幻想は違うという。「他者は『わたしのようなもの』という類推を拒み、しかも『もうひとりの私』として私と同じ資格を私に要求してくる。異質な他者に同一化しようとすれば、自己幻想はたんなる同心円的拡大を許されない。同心円的拡張をおしつけようとするたびに、他者は違和を信号として送り返してくるだろう。自己幻想は脱中心化を迫られ、対幻想は楕円のように複中心化して安定する」（上野 1986：5-6）。つまり対幻想は、男女の異質性に基づいてお互いを変容させていくような幻想なのであり、この変容によって、共同体の幻想にも対抗できるような性質をもつものだというのである。たしかに恋におちた二人が駆け落ちをすることは、親や既存の秩序に対する反抗を意味することは、多々あるだろう。

性（ジェンダー）のアイデンティティは、「自分とは異質な存在に対する相互依存性の認知を通じて獲得された相補的なアイデンティティ」（上野 1986：9）であ

ると上野はいう。性のアイデンティティの獲得は、自己完結的な個体性を侵す、苦痛に満ちたプロセスとなる。「女」であることは異質な他者である「男」に依存し、また「男」であることは異質な他者である「女」に依存する。「男」であること、「女」であることは、相互の状況に依存しながら、自分自身を変えていく、つまりアイデンティティの根拠を相手にゆだねることによって、「自我の譲渡」を行いあうことを意味するのである。

　しかしこのアイデンティティのゲームのルールは、男女に公平にはできていない。「女」とは「あなたからあなたと呼ばれるわたし」（上野 1986：11）である。「女」は「男」の相補性の片われであり、「男」によってしか「女」でありえない。だからこそ、「男を欠いた女は、それゆえ無だとみなされてきた」（上野 1986：12）のだ。だが本来、「人間」を僭称する「男」だって、「女」の片われにすぎないのだ。「女は男に、人間でなんかあってほしいのではない。自分もまた相補性の片われにすぎないことを思い知れ、と迫る。それが惚れた女の特権だ」（上野 1986：12）と上野は主張する。

　これらの上野の対幻想論を読んで、どのように感じただろうか。上野による対幻想論は、近代的自我をもち、「男」や「女」という性をもった男女のあいだにかつてたしかに成立しえたかもしれないアイデンティティのゲームの記述であり、日本の 1980 年代という時代における「恋愛」の位相を映し出している。自己幻想、つまりは「個人」という幻想を恋愛によって変容させようという試み自体が、「近代的自我」や「個人」を逆説的に強固なものとして前提している証拠であるといえる。ところが、ここで成立する恋愛というアイデンティティのゲームは、実は個別性をもつ個人と個人のあいだに成立しているのではない。「性別をもつ個人」と「性別をもつ個人」、つまりは「『男』という性別のカテゴリー」と「『女』という性別カテゴリー」のあいだにのみ成立しているのである。これはいいかえれば、「男」という「記号」と「女」という「記号」のあいだで行われているゲームであって、生身の肉体の個別性は、実際には無視されているのである。

　この上野の対幻想論には、多方面から批判が寄せられた。上野が対幻想は、

「性的他者」のあいだ、つまりは「男」と「女」のあいだにしか成立せず、同性同士には他者性が存在しないため、ホモセクシュアルは対幻想をもちえないとしたからである。

　考えてみればおかしな話である。同性であっても自分以外の人間は、皆自分にはよくわからない「他者」であるはずである。にもかかわらず、異性の人間しか「性的他者」になりえないとしたら、この恋愛というアイデンティティのゲームが、「男」という「記号」と「女」という「記号」とのあいだでだけ戯れられているゲームにすぎなかったということを、浮き彫りにしていると考えられる。

　実際、「異性愛」による恋愛が規範化させられていくと同時に、「同性愛」は性科学などによって「異常」であると考えられるようになるのである。ミシェル・フーコーの『性の歴史』によれば、古代ギリシアにおいて「同性愛者」はいなかったという。当時は、年長者の男性が年少の若者に性の手ほどきをすることが推奨されていた。そこに存在したのは、同性愛的な「慣習」であり、性的な慣習によって存在やアイデンティティを決められてしまう「同性愛者」などではなかったのである。

　近代において、誰とどのような性的な関係を結ぶかということは、その人のアイデンティティを決めるための大きな要素となった。「生殖」に結びつく性だけが正しいと考えられるようになったため、生殖のための相手の性別を間違う同性愛は「性対象倒錯」であるし、健全な子作りを目的としないSMなどのフェティッシュは「性目的倒錯」と考えられるようになった。

　より正確にいえば、「同性愛者」であるかどうかを決定するためには、実際には性的関係を結ぶ必要すらない。たとえば、同性と実際に性関係をもたなくても、同性に性的な欲望を抱く者が「同性愛者」であり、実際に同性と寝た経験があるとしても、同性に性的な欲望を抱いていなければ、その人はたまたま同性と寝たことがある「異性愛者」にすぎない。その人の性的欲望のあり方自体が、その人が「誰」であるのか、その「アイデンティティ」を決定するのである。

　この性的欲望のあり方によって、「同性愛者」や「異性愛者」が決定すると

いう考え方は、性（ジェンダー）という変数をいれると、実際には困難に陥る。この理論は性的な欲望の「主体」であることを推奨される、近代的な男性においては、よく当てはまる。しかし女は、上野の言葉を借りれば「あなたからあなたと呼ばれるわたし」であり、男という主体によって決定される主体であったように、女が欲望の主体になってきた歴史があるかどうかには、疑問である。

女の欲望は、「男であるあなたによって欲望されるわたしを欲望する」、つまり「求められるわたしであることを求める」というような屈折したかたちで規定されてきたのではないだろうか。もちろんこれは、「欲望の主体」となった女が実際にいなかったということを意味しないし、「女の本質」でもない。女に性欲の主体となることをよしとせず、男性に過剰に性的な主体となることを求めて来た家父長制社会における、女なりの適応である。

掛札悠子は『レズビアンである、ということ』で、「性的な欲望」をもとにしてレズビアンを規定することが可能かどうかを問いかけている。掛札の答えは、このような定義が可能であるレズビアンは、ほんの一部にすぎないというものである。「なぜなら、日本の社会は同性愛であろうと異性愛であろうとかかわりなく、女性に性的な欲望が存在することそのものを認めてこなかったからである。今の日本の状況で、先の（同性に性的欲望を抱く者）定義を女性にそのままあてはめることが可能だろうか？『同性愛』がこのように定義されるというのなら、逆の定義を異性愛にもあてはめてみよう。はたして今の日本の状況で、異性愛者の女性を『異性に性的な関心を抱く女性』と定義することができるだろうか？」（掛札 1992：15）。

恋愛や性愛を通じて、人は性（ジェンダー）アイデンティティや、性（セクシュアル）アイデンティティを獲得する。がしかし、これらのアイデンティティは、男と女とでは異なったように作動してきたのだ。女にとって「愛がすべて」の時代は長く続いたが、男にとって女と同様に「愛がすべて」であったことは、実際にはなかったのでないだろうか。

④ 結婚と恋愛

　3節で述べられたアイデンティティのゲームとしての恋愛についてはどう思うだろうか。ふるくさい？　その通り。ここで述べられた恋愛は、まさに世界的に、日本でも1990年代以降に進行した大きな変化のなかで、急速に解体していっているからである。

　恋愛は起源としては、結婚を目的としていなかったと2節で述べた。がしかし、近代における恋愛の究極の目的は、結婚である。近代における恋愛（ロマンティックラブ・イデオロギー）の特徴は、愛と性と生殖とが、結婚を媒介とすることによって結びつけられる点にある。つまり純粋な感情のみで結びつくとされた恋愛は、財産を子どもに相続させるという近代家父長制の論理と結びつくことによって、そもそも矛盾に満ちたものとして成立した。それは一生に一度、運命の相手と恋に落ちて、結婚をしてセックスをし、子どもを作り、子育てをした後も添い遂げるという難題だった。

　これを端的に体現しているわかりやすい例として、1970年代の池田理代子によるマンガ、『ベルサイユのばら』（以下『ベルばら』と略す）を取り上げよう。主人公の女性オスカルは、貴族に生まれた男装の麗人であるが、幼なじみである平民のアンドレと恋に落ち、フランス革命で民衆の味方をして、アンドレと共に死んでいく。オスカルとアンドレは長い恋愛期間がありながら、ただ1回、バスチーユに出陣する前に肉体的に結ばれ、そのまま天国に召される。ここで興味深いのは、オスカルがふたりの関係を示す時に使う台詞である。

　ふたりが結ばれるのは、オスカルによる愛の告白によってであるが、その台詞は「だれかにすがりたい、ささえられたいと……そんな心のあまえをいつもじぶんにゆるしている人間だ。それでも愛しているか!?　愛してくれているか!?　生涯かけてわたしひとりか!?　わたしだけを一生涯愛しぬくとちかうか!?」というものである。あまりに大げさに聞こえるが、ふたりにとって生涯ただ1回の恋愛であるから、「生涯かけてわたしひとり」、「わたしだけを一生涯愛しぬく」ことを相手に要求するのである。

そしてふたりがとうとう肉体的に結ばれる夜のオスカルの台詞は、「こん夜……ひと晩をおまえ……と……、おまえと……いっしょに……。アンドレ・グランディエの妻……に……」であり、ことが終わった後でのアンドレによる「愛している……よ……」という台詞への返答は「アンドレ、アンドレ……。わたしの夫……」である。そしてオスカルが死ぬ時には、「ど……うかわたしをアンドレとおなじ場所に。わたしたちはね……夫婦になったのだ……から……」と、同じ場所へと埋葬することを願うのである。「妻に」、「わたしの夫」、「夫婦になった」――平民と貴族であるがゆえに、身分制度の壁に阻まれて正式の結婚は不可能なふたりであるが、恋愛の単語がすべて「結婚」による関係のカテゴリーによって語られていることが、特徴である。
　これらの台詞は、現代の私たちからみれば、かなり大げさに聞こえるかもしれないが、1970年代には、異性と性的な関係を結ぶには究極の「愛」という大義名分が必要で、そのことはすなわち、「夫婦になる」ことだったのである。子どもこそ作らないが、まさに till the death do us part、死が二人をわかつまで。究極のロマンティックラブである（蛇足だが、オスカルは男装の麗人という設定であり、生殖とは無縁の身体であるからこそ、子育ての過程は許されず、死ななくてはならない。実際、ふたりが結ばれた後、たまに夫婦喧嘩をしながら子育てをして、小市民的な家庭をもったと考えたら、興ざめもいいところである。ここでも恋愛と結婚は、実際のところは両立はしていないといえるかもしれない）。
　この『ベルばら』をあきらかに下敷きにしながら、パロディにしているのが、よしながふみの『ジェラールとジャック』である。『ジェラールとジャック』は『ベルばら』と同じく、フランス革命を舞台にした貴族と平民の恋愛の物語である。ただし男性同士のあいだの恋愛であるボーイズラブの作品である（少女マンガの初期のころから、ロマンティックラブは実際には多くの場合、同性愛の姿を通じて描かれてきた）。
　あきらかにアンドレのパロディであるジェラールは金持ちの平民、相手役のジャックは没落した貴族である。『ベルばら』でオスカルがそうであったように、ジャックは貴族であることに恥ずかしさを覚え、「労働」という新興ブルジ

4　結婚と恋愛　　59

ョワジーの美徳を身につけていく。一方ジェラールは、かつて貴族の女ナタリーを妻にしていたことをトラウマとしてもつ存在である。この妻は、貴族の道

> 愛！
>
> 愛！
>
> ジェラール
> どんな口説き文句よりも
> それって新鮮!!
>
> 愛!!
>
> ちゃんと聞いて！
>
> 愛してるんだ
> 金持ちの方がいいなら金を稼ぐよ
> 男と寝たいんなら貴族みたいに「寛大な夫」として振る舞うよ
> だから僕と結婚して！

© Fumi Yoshinaga/Libre Publishing 2007（よしながふみ, 2007, 『ジェラールとジャック』リブレ出版, 1巻 p.130）

徳を体現している。「あなたを愛しているんだ」と結婚を申し込んだジェラールに対してナタリーは、「愛！　愛！　愛‼　ジェラール、どんな口説き文句よりもそれって新鮮‼」と茶化し、「言っておくけど、たとえあなたと結婚したって、私、貞淑な妻になんてならなくってよ」と宣言する。当時の貴族のあいだでは、結婚以前も結婚後も、恋愛に戯れることが推奨されていた。恋愛と結婚は、そもそも結びつけられてはいなかったのである。それは新しい近代的な「恋愛」である、ロマンティックラブ・イデオロギーとは対極の存在である。

　ジェラールは「愛してるんだ……男と寝たいなら貴族みたいに『寛大な夫』としてふるまうよ。だから僕と結婚して」と、妻の貴族の道徳を受け容れるが、妻が情人とのあいだの不義の子を流産したと偽って里子に出していたことを知って、「子供を捨てるくらいなら何故男と寝る⁉　男を作るのが貴婦人の嗜みだからか⁉　お前ら貴族って奴は」と激高し、妻と決裂し、別離する。フランス革命直前の当時、自分の産んだ子どもを里子に出して田舎で育てることは普通のことであったし、パリではその割合は9割にも及んでいたという（バダンテール『母性という神話』）。子どもは可愛がる対象ではなく、子育ては楽しみではなかった。子どもは4-5歳になったら里親から返してもらう跡継ぎの役割を果たす存在であり、また階級によっては貴重な労働力であった。流産と嘘をついたときにナタリーがいう台詞、「子供なんて私の体型を崩すだけの存在じゃない。別にどうとも思っちゃいないわ」は、近代的な私たちの道徳と照らし合わせればかなり冷たい台詞であるが、前近代的な意味世界ではとりたてて酷いとはいえない。子どもに対する愛情と母性愛はセットになって、近代に発明されたものだからである。

　このような貴族たちからすれば、平民による、一夫一婦制に基づき、愛情を至上の価値として、子育てを目的とする近代的ロマンティックラブ・イデオロギーは、無粋極まりないものである。ジェラールの妻の浮気相手はそれを、「平民どもの愛ときたら、執念深くて無様で無粋で、まるであいつら平民という存在そのもののように見ていると吐き気がする！」と評している。ジェラールは長い時間をかけてジャックと結ばれるのだが、そのことにより、この不幸な過

© Fumi Yoshinaga/Libre Publishing 2007（よしながふみ，2007，『ジェラールとジャック』リブレ出版，1 巻 p.138）

去の結婚を清算しけりをつける。まるで愛と性を別物として弄ぶ前近代的な貴族の道徳に、愛と性と生殖を一致させようとする新興ブルジョワジーによるロマンティックラブ・イデオロギーが勝利するかのように。革命によって勝利するのは、新興ブルジョワジーという新しい階級だけではない。新興ブルジョワジーの道徳観もまた勝利したのである。

　何よりもジャック自身が、不義の子どもであり、親に見捨てられた存在である。親に愛されなかった子どもを愛することにより、ジェラールは（そして読者である「少女」も。少女マンガの主題は漫画家萩尾望都がいうように「少女のトラウマ」であった）愛されてこなかった自分自身の魂の救済を行うのである。親に愛されてこなかった可哀想な自分自身（ジャック）を、自分自身（ジェラール）によって愛してあげるために有効な装置が、男性同性愛を使うことである。

　藤本由香里は、少女マンガの主題は少女の居場所探しであり、古典的な少女マンガでそれは、親に見捨てられたヒーローに対して「あなたを捨てた冷たい母親と違って、私はあなたに暖かい家庭をつくってあげられるわ」という形態をとって行われることを指摘している。少女にとって自分の居場所探しは、結婚して、妻となり母となることによって可能になると思わされたのである。

　近代社会において少女が傷つけられるのは、少年ではないからである。家族の期待を背負って立身出世していく少年とは違い少女には、何の役割も期待されていない。家父長制社会において少女に求められるのは、第二次性徴期に急激に成長し自分にとってもよくわからない疎外された自己の身体ばかりである。であるからこそ少女は、自分自身の傷を恋愛相手のなかに見つけ出し、それを癒して相手のために家庭を作り、妻や母という役割をこなすことによって、これらの疎外を回復しようとしたのだ。その典型的な物語が、少女マンガにはあった。

　しかし多くの場合、これらの試みは失敗に終わる。女にとって恋愛や結婚は自己実現のすべてであっても、男にとって恋愛や結婚は人生の一部分にすぎないからである。それどころか以前は「優美高妙」と讃えられたにもかかわらず、結婚後は「醜穢なる俗界の通弁」と称されてしまうのであるから、男にとって

「どこへも行かせない！ 俺が本当の父親よりも母親よりもお前を愛してやる！」

© Fumi Yoshinaga/Libre Publishing 2007（よしながふみ，2007，『ジェラールとジャック』リブレ出版，2巻 p.138）

のみならず、女にとっても失望は大きなものである。ジェラールはジャックに「どこへもいかせない！ 俺が本当の父親よりも母親よりも、お前を愛してやる！」というのだが、フロイトのエディプスの三角形[1]をもちだすまでもなく、恋愛はたしかに親子関係の再現でもある。母となった女は息子を愛し、教育に入れ込むことによって、疎外から回復しようとする。その一方で娘は放っておかれ、その心の傷を男性との恋愛によって救済しようとし、また同様の物語がくり返されるのである。

近代において、「感情」は高い価値をもつようになった。だからこそ、恋愛が重要な経験になるのである。しかし考えてみれば、純粋に感情を解放してひとを愛すという行為と、その感情を一生続けることを誓うという行為は、そもそも矛盾したものである。感情の自由がたったひとりの人を愛し続けるという不自由に結びつけられるという矛盾が、そこにはある。

64　第4章　恋愛関係のなかの私

5 ロマンティックラブ・イデオロギーとは何だったのか

　このようなロマンティックラブ・イデオロギーは、男が一家を支え（家族のために働くことが男の愛情表現）、女が家事・育児を担う（家族のケアをすることが女の愛情表現）という近代家族を形成してきた。しかし1990年代には終身雇用・年功序列を保障してきた日本型経営が大きく崩れ始め、一家の大黒柱になるような正規雇用の職が男性にすら保障されなくなってきたことにより、とくに90年代後半から、ロマンティックラブ・イデオロギーも大きな変容を余儀なくされてきた。

　4組にひと組がいわゆる「できちゃった結婚」であり、フランスでは半分以上、アメリカでも3人にひとりが婚外子として生まれているにもかかわらず、婚外子出生率が2パーセントの日本では、「性と生殖」は結婚によってまだ強固に結びつけられている。子どもは家族の枠内で生まれるべきだという規範がまだ生きている。しかしその一方で、愛と性と結婚の結びつきは、もうすでに自明ではない。性交渉のあとに「責任をとって」といったら驚かれるだろうし（ロマンティックラブ・イデオロギーが生きている時代には、「貞操」は女がもっている唯一の財産であった）、いまや性交渉があったからといって恋人気取りになることは、恥ずかしいことですらある。セックスを友だちとするという、セックスフレンド（セフレ）という言葉すら存在している。愛と性と結婚の結びつきは、まったくもって崩れてしまった。それでいて結婚と性と生殖は強固に結びついている。すべての結びつきがなくなった時が、ロマンティックラブ・イデオロギー、近代的恋愛が終焉する時であろう。その後にまた新しい「恋愛」が登場するのかどうかは、今の時点では不明である。

（千田　有紀）

【注】

(1) エディプスの三角形とは、去勢不安から息子は母親への同一視を諦め、「男」になることを決意し、父のようになることによって「母＝女の恋人」を所有しようとする。女はペニスがないことによって母を恨み、子どもを産むことによって、お腹のなかに

忘れて来たペニスを回復しようとするという物語のことである。

【参 考 文 献】

Foucault, Michel, 1976, La volonté de savoir：Histoire de la sexualité 1, Gallimard.（＝1986, 渡辺守章訳『性の歴史Ⅰ：知への意志』新潮社.）
藤本由香里, 1998,『私の居場所はどこにあるの？：少女マンガが映す心のかたち』, 学陽書房.
池田理代子,『ベルサイユのばら』集英社→2009,『完全版』集英社文庫.
掛札悠子, 1992,『レズビアンである、ということ』河出書房新社.
北村透谷, 1892,「厭世詩家と女性」『女學雜誌』三〇三號, 三〇五號, 女學雜誌社→1969,『現代日本文學大系6 北村透谷・山路愛山集』, 筑摩書房→青空文庫.
http://www.aozora.gr.jp/cards/000157/files/45237_19755.html
九鬼周造, 1930,『「いき」の構造』→1979, 岩波文庫, 岩波書店→青空文庫.
http://www.aozora.gr.jp/cards/000065/files/393_1765.html
Rougemont,Denis de,1939,L'amour et L'occident, La Librairie Plon（＝1993, 鈴木健郎・川村克己訳『愛について（上）（下）』, 平凡社ライブラリー).
吉本隆明・芹沢俊介, 1985,『対幻想論──n個の性をめぐって』春秋社.
よしながふみ, 2000-01,『ジェラールとジャック（1）（2）』ビブロス→2007,『新装版』リブレ出版.
上野千鶴子, 1986,「対幻想論」『女という快楽』勁草書房.

5 集団のなかの私たち

0 はじめに

　人間は社会的動物といわれる。これが意味するところは、人間は他者と集い、協力しあいながら生きていく存在、すなわち、「集団」を形成する存在だということである。集団は、単なる個人の総和を超えた存在として、私たちの生活にさまざまな影響を及ぼしている。それは時に、個人を抑圧し、個性を埋没させる、いわば「我慢を強いる」ものとなる。その一方で、私たちは集団から、有形無形のさまざまな恩恵も受けている。さらに私たちは、集団のなかでは、ひとりでいる時とまったく違ったふるまいをすることすらある。

　この章では、主に社会心理学の観点から、集団が私たちのアイデンティティの認知や自他に対する考え方、行動にいかに影響を与えているかについて考えていく。そして集団の内外における個々人の行動だけでなく、特定の集団に対する差別や偏見といった社会的な現象についても、集団と私という切り口から説明していきたい。

1 私をとりまく集団

1-1：集団とは何か

　ここでは、社会心理学における定義を参考に「集団」とは何かを考える。

　まず、集団を、複数の人々が1ヵ所にただ集まっているだけの存在とは区別してとらえる考え方がある。この場合、集団とは、互いに顔を合わせ、相互作用をする複数の人々の存在である。たとえば、ゼミやサークルといった互いの顔が見え、交流できる人々の集まりがこれである[1]。このような集団は、目標

を共有する人々で構成され、メンバーの集団への所属意識が強いことが多い。また、メンバーが集団からの影響を意識することも多い。私たちが普段イメージする集団は、このような実体をもった集団であることが多いだろう。

　他方、上記のような実体をもった集団（実在集団）とは別に、人々の頭のなかで認知的に構成された存在として集団をとらえる考え方もある。この考え方に基づく集団は、国籍や性別、職業といった社会的カテゴリーがその代表といえる。また、「〇〇大生」「××県出身」「△△のファン」などといったものも集団と呼ぶことができる。このような集団は、そこに所属する人々が共通の目標をもって行動したり、互いに相互作用したりすることは少ないかもしれない。そして、このような集団の存在を私たちは普段は強く意識していないかもしれない。

　しかし、私たちの他者に対する考え方や行動、そして自分自身のふるまいでさえ、この見えない集団に大きく左右されている。たとえば、特定の集団カテゴリーに所属すると認知された人が、そのカテゴリーに基づいて特定の扱いを受けたり、また、特定の集団カテゴリーへの所属を自覚することで、そのメンバーとしてふるまったりすることはしばしば起こることである。たとえば、実際はとても内気なのに、さほど親しくない知人から「あなたは関西出身だから、冗談言うのがうまいのよね」と言われたり、大学では話し好きな人が、バイトの先輩から「文学部の学生さんだから、読書好きでおとなしいのよね」と言われ、おとなしくせざるをえなくなったりする、といった具合である。

1-2：内集団と外集団

　社会には数多くの実在集団が存在し、さらにさまざまな社会的カテゴリーが存在する。そして、私たちは、日々過ごしていくなかで、自身が所属する実在集団や社会的カテゴリーからアイデンティティの多くを引き出している。つまり、ある集団や社会的カテゴリーへの所属は「私は〜である」という自身の定義づけを提供し、人々の行動に強い影響を及ぼしている。

　社会心理学では、この自分が所属していると認識する集団のことを内集団、

それ以外の集団を外集団と呼んでいる。この内集団への所属意識、つまり自分にとってどの集団が内集団であり、どの集団が外集団であるかは、実はいつも一定なわけではない。私たちは、たとえば、大学生ならば、当然、〇〇大学の学生である。そして、女性または男性であり、△△学部の××ゼミに在籍し、□□サークルに所属していて……と多数の集団に所属している。そして、たとえばゼミ対抗のディベート大会に参加するといった場合には、「ゼミに所属する自分」が強く意識され、同じゼミに所属する人が内集団、同じ大学のほかのゼミに所属する人が外集団となる。また、同様のディベート大会があったとしても、それが他大学との対抗戦となれば、先ほどは外集団に分類された「ほかのゼミの人」が、今度は「同じ大学の仲間」である内集団成員として認知されるのである。

このように、どの内集団が意識されるかは、その人が置かれている状況や社会的文脈に大きく左右される。そして、内集団が意識されると同時に外集団の存在も意識されるようになるのである。

1-3：集団間の葛藤

内集団と外集団とが強く意識される状況では、集団間で葛藤が生じることが示されている。シェリフらは、集団間における目標の対立や競争的依存関係が存在する場合、集団間の敵対感情が高まり、外集団の拒否や差別的態度を引き起こすとする目標葛藤理論を提唱している (Sherif, et al. 1961)。

この理論は、サマーキャンプに参加した子どもたちを実験参加者としたフィールド実験の結果より導き出されている。実験は大きく分けて3段階で行われた。最初の内集団の形成段階では、子どもたちは2つの集団にランダムに分けられ、それぞれの集団が別々に共同生活を開始し、集団内での仲間意識を高めていった。次の段階では、実験者が2つの集団を引き合わせ、スポーツの試合など勝ち負けのある競争的課題を行わせ、勝者にのみ賞品を与えるなど、利害対立による集団間の葛藤を導入した。その結果、集団のあいだに敵意的態度が強まり、相手に対して暴力的な行為をするようにもなった。最後に、集団間の

葛藤を解決するため[2]、実験者が 2 つの集団が共同で問題解決にあたらなくては互いに困ってしまう状況を設定した。すると、両集団は協力しあうようになり、集団間の敵対関係は低減し友好的になった。

この実験の結果と理論は、私たちの日常的な直感とも合致し、現実社会のさまざまな集団間の葛藤をよく説明している。しかし、その後のタジフェルらの研究で、人は、目標の対立や競争的依存関係がない集団同士であっても、内集団を優遇し外集団を差別するということが示された (Tajfel, et al. 1971)。

タジフェルらの実験では、実験参加者たちは二段階で構成された実験に参加した。第一段階では、参加者は簡単な意思決定課題のささいな基準に基づいて二つの集団へと分類された。しかも、実際の集団の分類は、参加者の回答とは無関係にランダムに二つの集団を作り、いずれかの集団ラベルを付与しただけであった。

実験の第二段階では、参加者は自分がどちらの集団に所属しているかを知らされ、自分ではない二人の匿名の人に対して報酬を分配する作業を行うよう教示された。この時、参加者が利用できた情報は、分配対象となるほかの参加者がどちらの集団に所属しているか（内集団成員か外集団成員か）と、彼らのコード番号のみであった。また、報酬分配作業は金額を表す点数の分配であった[3]。この状況では、二つの集団間には利害の葛藤もなければ、事前の敵意も存在せず、参加者同士が集団の内外において相互作用する機会もまったくなかった。また、決定の匿名性は保証されており、参加者がどのような分配を行っても参加者自身の報酬には関係しなかった。

ところが、参加者たちは一貫して内集団成員の方に報酬を多く分配するという行動をとった。さらに、参加者たちは、たとえ内集団がより少ない報酬を得ることになっても、外集団成員の受け取る金額と内集団成員の受け取る金額の差を最大化しようとした。すなわち、内集団の取り分の絶対量を犠牲にしてまでも外集団成員との相対的な差を大きくする選択肢を好んで選択したのである。つまり、私たちは、利害関係も何もない、その後の相互作用も予期されない集団（最小条件集団）に単に分けられただけで、内集団と外集団とを意識する

ようになり、内集団成員を優遇し、外集団を差別するようになるのである[4]。

② 私をかたちづくる集団

2-1：内集団バイアスとは

　先に、人は単に集団に分けられただけで内集団成員を優遇し、外集団との差を最大化する行動をとる傾向がみられることを述べた。このような行動を社会心理学では、内集団バイアスと呼んでいる。しかし、このようなカテゴリー化のみで、なぜ人は内集団バイアスを示すのだろうか。この結果の説明のためにタジフェルらは、フェスティンガーによる社会的比較理論を集団状況へと適用し、社会的アイデンティティ理論を提唱した（Festinger 1954）。社会的比較理論では、人には、自分の意見や能力を正しく評価しようという動因があるが、直接物理的な基準がない場合、人は他者と比較することで自分を評価しようとする。そして、自己に関わる評価では、その評価をより高めたいという動機（自己高揚動機）をもつと考えられる。タジフェルらは、人の自己評価の大部分は社会的比較を通したみずからの位置づけによるもので、それは内集団と外集団との比較によって明らかにされるとした。そして、人は内集団の外集団に対する優位性を確認することで、望ましい社会的アイデンティティを維持し自己評価を高めていると主張した。

　この考えによれば、ランダムに分けられた集団間で内集団バイアスが生じるのは、人々の自己高揚動機によるものといえる。たとえ、集団の分類基準がささいなもので、そのあいだに利害の葛藤がまったく存在していなくても、それがいったん集団として認知されれば、人はある集団に所属する自分とほかの集団に所属する他者とを比較し、肯定的なアイデンティティを保とうとする動機をもつことになる。そして、その動機により、差別や内集団ひいきが生じるのである。なお、この傾向は、自己評価が脅かされている場合や集団への自己同一視が強かったりするほど現れやすいことも知られている（柿本1997）。

2-2：集団への同一視を高めるもの

人工的にせよ、なんらかの意味ある基準が存在するにせよ、集団に分けられると私たちは集団の存在を認知し、それに対して所属意識をもつことになる。そして、社会的アイデンティティ理論によれば、集団は私たちの肯定的なアイデンティティを維持、高揚してくれる重要な存在である。一般に人は、集団に自己同一視することで集団の価値を自己評価に反映させ、それを維持、高揚させようとする。しかし、現実には、社会的に低い評価を受けている集団に自己同一視している人々が存在し、そのような人たちも一定の自尊心を維持していることが知られている (Crocker & Major 1989)。そのため、集団への同一視には、自己高揚動機以外の心的過程も関わっていると考えられる。

ブリューアーは、集団同一視の規定因として自己高揚動機以外の過程を想定した最適弁別性理論を提唱している (Brewer 1991)。この理論では、人が集団に同一視する背景には同化欲求と差異化欲求という二つの欲求が存在し、人はこれら相反する二つの欲求を同時に満たすような集団に自己同一視すると主張している。ある集団に所属意識をもてば、その集団のメンバーは自分と類似しているため同化欲求は充足される。しかし、それにより自分自身の個性は埋没し、差異化欲求は脅かされることになる。そこで、人は内集団を外集団と比較して集団間の差異性を見出し、自分はほかとは異なるユニークな集団の一員であるという感覚を得ることで、それを補おうとする。この考えによれば、所属する集団のサイズが大きすぎると、自分と同様の人がたくさんいるので同化欲求は満たされるが、集団自体のユニークさを確認することが難しくなり、差異化欲求は満たせないことになる。反対に集団サイズが小さすぎると、集団の稀少性は確認できても自分と類似の他者がほとんど存在しないため、同化欲求が脅かされることになる。つまり、二つの欲求を同時に満たすような集団サイズが、最大の満足度をもたらすことになる。

この理論に基づけば、同化欲求や差異化欲求が脅かされると、人はそれを修復するように集団や自己に対する認知を変化させるはずである。ピケットらの実験では、大学生の参加者にパーソナリティ・テストを実施し、その結果を知

らせる際に情報を操作[5]することで同化欲求と差異化欲求を感じる水準を操作し、所属する大学（すなわち内集団）のサイズについて評定を求めた。同化欲求を脅かす条件では、参加者のスコアは所属大学の平均値からかなり隔たっており、かつ所属大学と他大学の平均スコアもかなり隔たりがあると伝えた。差異化欲求を脅かす条件では、参加者のスコアは所属大学の平均値に近く、所属大学と他大学の平均スコアの違いも小さいと伝えた。いずれの欲求も脅かさない条件では、参加者のスコアは所属大学の平均に近く、所属大学と他大学の平均スコアはかなり隔たりがあると伝えた。その結果、同化欲求条件の参加者は統制条件に比べ所属大学の学生数を多く見積もり、かつ学生が多すぎるということはないと答え、差異化欲求条件の参加者は、所属大学の学生を少なく見積もり、かつ学生数が多すぎると答える傾向を示した（Pickett et al. 2002）。

　このように、私たちは同化欲求と差異化欲求がバランスよく充足される集団サイズを目指して集団を形成したり、そのような集団へ所属したりすることを好むと考えられる。このように考えると、近年の若者にみられる、自分と価値観が似通った人同士だけでのみ集まろうとする傾向は、価値観が多様化するなかで実は同化欲求が脅かされており、自身と同じような人を探そうとするがゆえの行動なのかもしれない。

2-3：個人的アイデンティティと社会的アイデンティティ

　ここまで、「集団の一員としての私」である社会的アイデンティティについて述べてきたが、この社会的アイデンティティと「世界でたったひとりのユニークな私」としてのアイデンティティである個人的アイデンティティとはどのように関連しているのだろうか。

　この2つのアイデンティティの関連性について、ターナーは、人が自分をとらえる過程を連続的で流動的なものとしてとらえる自己カテゴリー化理論を提唱している（Turner 1987）。人は、自分とほかの人々との類似性を検討し、自分を含むこちら側と含まないあちら側というカテゴリー化を行う。こちら側に含まれる人が自分だけで、自分をユニークな個人として認知した時、それは個人

的アイデンティティのレベルで自分をとらえていることになる。そして、こちら側に含まれる人が複数おり、その人々がなんらかの共通性をもった同一グループであると認知した時、自分を社会的アイデンティティのレベルでとらえているといえる。

　社会的アイデンティティのレベルで自分をとらえる際には、内集団に共通する特徴を自分自身が強くもっていると知覚する自己ステレオタイプ化が起きることがある。たとえば、内集団の成員個々人をみた場合には、お互いそれぞれが個性的であると認知するだろう。たとえば学生たちは、自分が所属するゼミのなかでは、ゼミのメンバーはみんな個性的でおもしろい人たちの集まりだ、などと話している。しかし、外集団、たとえばほかのゼミと対比した場合には、自分の所属するゼミのメンバーそれぞれが似通った人の集まりで、自分とメンバーもよく似ていると認知する場合がある。たとえば「○○ゼミはみんな頭がいい」とか「××ゼミはみんなノリがいい」などといった具合に、である。とくに、自分の所属集団が好ましい特徴をもっている場合、集団の成員が共有する特徴を自身も強くもっていると自覚することで、自身の価値を高めようとすることがしばしば起こる。このように、個人的アイデンティティと社会的アイデンティティは、人が自分自身をとらえる際、どのようなカテゴリーが顕現化するかで変化する連続的なものといえる。そして、人により、状況により個人的アイデンティティが顕著になったり、社会的アイデンティティが顕著になったりするのである。

　たとえば、個人的アイデンティティが顕著な人や、他者との差異を主張しなければ勝ち抜けないような競争的な場面などでは、実在集団や社会的カテゴリーに付与された固定的なイメージで自分をとらえ／とらえられることが苦痛であったり、またそれにより実際に不利益を被ったりすることもあるだろう。逆に、日常的に社会的アイデンティティが顕著な人や、集団同士での競争関係が存在する場合、また、実在集団や社会的カテゴリーに付与されているイメージが個人に有利に働くような場面では、「集団の一員としての私」が強く意識され、それに従った認知や行動を多く示すだろう。そして、それにより利益を得

ることで、ますますその社会的アイデンティティを強めていくことになるだろう。

❸ 集団に対する見方が歪む時

　前節までは、集団への所属や内集団と外集団との関係性が、人にどのように影響を与えるかを、社会的アイデンティティの形成と維持という観点からみてきた。最後に、集団に対する差別や偏見について、私たち個人の集団に対する認知の歪みと集団同士の相互依存関係という観点から考えていくことにする。

3-1：ステレオタイプの中身はどのように決まるのか

　差別や偏見を説明する際にステレオタイプという語がしばしば用いられる。社会学や社会心理学では、ステレオタイプとは性別や人種、職業など特定の社会的カテゴリーに付与される固定化されたイメージのことを指す。ステレオタイプは「真実の核」をもち、その集団の本質的な何かを反映しているという主張も存在する。しかし、たいていの場合、ステレオタイプはその集団の過度に単純化・画一化したイメージであるため、必ずしも事実を正確に反映していないものと考えられている。それでは、「黒人＝スポーツ万能」「女性＝依存的」「銀行員＝まじめ」といったような、あるカテゴリーに付与される特徴、すなわちステレオタイプの内容は、どのように決まっているのだろうか。

　この点について、フィスクらは、対象集団と知覚者集団の社会構造関係に応じてステレオタイプの内容が体系的に規定されるとするステレオタイプ内容モデルを提唱している（Fiske et al. 1999, 2002）。具体的には、集団間の関係を社会経済的地位の高低と相互依存関係（協力／競争関係）の二次元でとらえ、対象となる集団を4つに類型化している。そして、人は、自分たちより地位が高い集団は能力が高く、低い集団は能力が低いと見なしやすく、自分たちの集団と協力関係にある集団はあたたかく、競争関係にある集団は冷たいと見なしやすいとした。さらに、この4つの類型に基づいて、人々は対象集団に対して特定の

感情や行動を示しやすいとしている。

　集団間の関係は、時代や社会状況により刻一刻と変化している。そのため、集団に対するステレオタイプも、実は常に固定化されているのではなく、状況の変化により異なる可能性をもっている。たとえば、自分たちと親しい近隣の集団が急にその社会的経済的地位を上昇させてきたりすると、人はその集団の人たちを「能力は低いがあたたかい人たち」として見なしていたのを「能力は高いが冷たい人たち」とみるようになったりする。それに伴い、これまでは「やさしい」「人情味ある」と見なされていた人たちに対し、「ずるい」「抜け目ない」といったイメージがあらたに付与されたりするのである。このようにステレオタイプは、そのカテゴリーにもともと備わっている特徴を反映しているというよりは、集団同士の相対的な関係性から生じるというのがこのモデルの中心的な主張である（表5-1）。

表5-1　ステレオタイプ内容モデルから導かれるステレオタイプと感情（Glick & Fiske 2001 より改変）

相対的地位	相互依存関係	
	協力関係	競争関係
高	あたたかい・有能 誇り、尊敬	冷たい・有能 羨望、嫉妬
低	あたたかい・無能 あわれみ、同情	冷たい・無能 軽蔑、怒り、嫌悪

3-2：両面価値的ステレオタイプ

　上記のモデルでは、もう一つ、ステレオタイプと差別や偏見を理解するための重要な論点が示されている。それは両面価値的ステレオタイプと呼ばれるものである。

　このモデルでは、ステレオタイプを社会的経済的地位と協力／競争関係との二次元で4類型に分けているが、この二次元は個人や集団を評価する際に基本的といわれる二次元（人柄次元と能力次元；Rosenberg, et al. 1968）にほぼ相当する。そして、この二次元による4類型に相当する形で4種類のステレオタイプ（「賞

賛」「軽蔑的偏見」「温情主義的偏見」「羨望的偏見」）が導き出されるとしている（表 5-2）。

表 5-2 ステレオタイプ内容モデルから導かれる偏見と対象集団の例
(Fiske et al. 2002 より改変)

能力	人柄	
	あたたかい	冷たい
有能	賞賛 内集団、親密な関係にある集団	羨望的偏見 キャリアウーマン、エリート
無能	温情主義的偏見 障害者、専業主婦、高齢者	軽蔑的偏見 生活保護受給者、ホームレス

　この四つのうち、賞賛と軽蔑的偏見は、二次元いずれにおいても肯定的、または否定的なステレオタイプを含むもので、伝統的ステレオタイプと呼ばれている。賞賛は、「あたたかく有能」と判断される集団に向けられる。そのような集団には、自分たちが所属する内集団や、親密で協力関係にある集団があてはまる。そして、彼らに対しては誇りや尊敬といった肯定的感情が抱かれている。賞賛と正反対の軽蔑的偏見は、「冷たくて無能」と判断される外集団、とくに能力が低いにもかかわらず従順でなく、自分たちの集団に対して害悪をなすような集団に対して向けられる[6]。そして、彼らに対しては嫌悪や怒りといった否定的な感情がもたれている。そして、賞賛は内集団ひいきに、軽蔑的偏見は外集団卑下へとつながっていく。

　しかし、この二次元からは肯定的ステレオタイプと否定的ステレオタイプの両方を合わせもつ二つの両面価値的ステレオタイプも導き出される。一つは「温情主義的偏見」で、「あたたかいが無能」と判断される集団に向けられるものである。このステレオタイプが向けられる集団の例としては、高齢者、障害者、専業主婦などがあげられる。彼らは、社会的には弱い存在であるが、軽蔑的偏見を受ける集団とは異なり、自分たちの集団に対して害をなすとは思えない人たちと見なされている。もう一つは「羨望的偏見」で、これは「冷たいが有能」と判断される外集団に向けられる。エリートやキャリアウーマン、経済的に競争関係にある国の人々などがその対象となりやすい。彼らは、有能であるがゆ

えに、自分が所属する集団に対して脅威となる可能性をもった人々と見なされている。

　現在、偏見や差別の原因として大きな位置を占めるのは、伝統的ステレオタイプよりもこの両面価値的ステレオタイプであるといわれている（Fiske et al. 2002, 村田 2006）。なぜなら、両面価値的ステレオタイプを用いることは、ある集団を一つの次元で肯定的に評価し、もう一つの次元で否定的に評価することを正当化すると考えられるからである。たとえば、女性の場合、「専業主婦」は、人柄はあたたかいが能力が低いことが強調され、男性の保護と憐れみの対象となることで現在の低い地位にとどまることを余儀なくされる。これに対し「キャリアウーマン」は、能力の高さは認められても、人に冷たく「女らしくない」として非難される。このように女性を両面的に評価することは、現存する男女の格差や性役割分業を維持しようとする性差別へと実はつながっているのである。

3-3：現状維持を促すステレオタイプ

　ステレオタイプの内容が現存する社会システムを維持し正当化する機能をもつという議論は、男女差別にとどまるものではない。この現象は、貧富の差といった経済的システムに関する認知においてもみられている。ジョストらはシステム正当化理論を提唱し、ステレオタイプが既存の社会制度や慣習を維持する機能についての議論を展開した（Jost & Banaji 1994, Kay et al. 2007）。

　人は、一般に「公正な世界の信念」をもっているといわれる。この信念は、「この世界は良い人が幸福になり、悪い人は不幸になる、公正な世界である」というもので、世界を確実で予測可能なものであるかのように感じさせる機能がある。この信念のおかげで、人は、日々不安定な世のなかで「自分だけは事故や事件には巻き込まれないだろう」と信じて生きていけるのである。

　しかし、現実世界では、落ち度のない人が深刻な事件に巻き込まれたり、日々まじめに働いても貧しい暮らしを強いられたりすることが頻繁に起こる。とくに貧富の差は、社会システムの歪みが大きく影響している可能性があり、この

ことは、自分たちが暮らしている世界が公正であるという信念を脅かす。そのため、人は「裕福な人は対人関係に恵まれず不幸せ」「貧しいけれど優しい家族や友人に囲まれ幸せ」といったような相補的ステレオタイプを認知し、公正な世界の信念を維持しようと試みるのである。

このようにステレオタイプは、私たちに「世界は公正である」という幻想を生み出し、既存の社会システムを正当化し、現実世界に存在する差別や偏見を維持するはたらきをするのである。そして、そのはたらきがあまりに巧妙なため、私たちは世のなかに漠然とした不満を抱きつつも、現状を変えることができないという状態に陥ってしまうのである。

本章では、私たちの認知や行動、そして集団と対極にあると思われる「私らしさ」、すなわちアイデンティティまでもが、集団により影響を受けていることを示してきた。集団へ所属することは私の「あり方」やふるまいを規定し、他者から集団の一員として見なされることで、その一員としての扱いを受ける。そのことが時に、自分が感じる「本当の私らしさ」や「理想とする世界」と相入れないことがあるかもしれない。しかし、その私らしさや理想の世界像も、集団そのものや集団間の相互関係により作られたものかもしれないことを、頭の片隅に置いておくべきだろう。

(山下　玲子)

【注】

(1) インターネット上の電子会議室やコミュニティなどは、互いに顔を知らないメンバー同士で交流したり、ROM と呼ばれる実際に交流をしないメンバーを含んでいたりするため、実体をもった集団と認知的に構成された集団との中間にあたると考えられる。
(2) この段階の前に、一緒に映画を見たり、食事会をしたりなど、両者が一緒に楽しむ機会も設けられたが、対立は緩和されるどころか助長され、葛藤はより深刻化した。
(3) 報酬分配作業は、あらかじめ準備された分配マトリクスを用いて行われた。
(4) タジフェルらのパラダイムによる「最小条件集団」は、実は本当に最小ではなく、実験参加者が実際には存在しない相互作用を「誤って」知覚したために内集団を優遇したとする説もある（清成 2009 参照）。
(5) ここで参加者に与えた情報は、実際のパーソナリティ・テストの結果とは関係なく、実

験者がランダムに与えた偽の情報であった。
(6) アメリカでは、自分の生活の保障は自己責任であるという考え方が強いため、生活保護受給者やホームレスなどがこの集団にあてはまるとされている。しかし、日本の場合、このような人々に対するステレオタイプは、むしろ温情主義的偏見に近いと考えられる。

【参 考 文 献】

Brewer, Marilynn B., 1991, "The Social Self：On Being the Same and Different at the Same Time," *Personality and Social Psychology Bulletin*, 17：475-482.
Crocker, Jennifer, & Major, Brenda, 1989, "Social Stigma and Self-esteem；The Self-protective Properties of Stigma," *Psychological Review*, 96：608-630.
遠藤由美編著, 2009,『社会心理学』ミネルヴァ書房.
Festinger, Leon, 1954, "A Theory of Social Comparison Process," *Human Relations*, 7：117-140.
Fiske, Susan T., Amy J. C. Cuddy, Peter Glick, & Jun Xu, 2002, "A Model of (Often Mixed) Stereotype Content：Competence and Warmth Respectively Follow From Perceived Status and Competition," *Journal of Personality and Social Psychology*, 82：878-902.
Fiske, Susan T., Jun Xu, Amy J. C. Cuddy, & Peter Glick, 1999, "(Dis) Respecting Versus (dis) Liking：Status and Interdependence Predict Ambivalent Stereotypes of Competence and Warmth," *Journal of Social Issues*, 55：473-489.
Glick, Peter, & Susan T. Fiske, 2001, "Ambivalent Stereotypes as Legitimizing Ideologies: Differentiating Paternalistic and Envious Prejudice," John T. Jost & B. Major, eds., *The Psychology of Legitimacy*, Cambridge University Press, 276-306.
堀 洋道, 山本眞理子, 吉田富二雄編著, 1997,『新編 社会心理学』福村出版.
池上知子, 遠藤由美共著, 2008,『グラフィック社会心理学（第2版）』サイエンス社.
Jost, John T., & Mahzarin R. Banaji, 1994, "The Role of Stereotyping in System Justification and the Production of False Consciousness," *British Journal of Social Psychology*, 22：1-27.
柿本敏克, 1997,「社会的アイデンティティ研究の概要」実験社会心理学研究, 37, 97-108.
金政祐司・石盛真徳編著, 2006,『わたしから社会へ広がる心理学』北樹出版.

唐沢かおり編, 2005, 『朝倉心理学講座 7 社会心理学』朝倉書店.
Kay, Aaron C., Anesu N. Mandisodza, Steven J. Sherman, John V. Petrpcelli, & Amy L., Johnson, 2007, "Panglossian Ideology in the Service of System Justification：How Complementary Stereotypes Help Us to Rationalize Inequality," Mark P. Zanna, ed. *Advances in Experimental Social Psychology*, Vol.39. Academic Press, 305-358.
清成透子, 2009, 「集団」, 遠藤由美編著, 『社会心理学』ミネルヴァ書房.
村田光二, 2006, 「外国人イメージの構造——調査データに基づく考察」森村敏己編, 『視覚表象と集合的記憶——歴史・現在・戦争』 旬報社, 203-233.
Pickett, Cynthia L., Micheal D. Silver, & Marilynn B. Brewer, 2002, "The Impact of Assimilation and Differentiation Needs on Perceived Group Importance and Judgments of Ingroup Size," *Personality and Social Psychology Bulletin*, 28：546-558.
Rosenberg, Seymour, Carnot Nelson, C., & P. S. Vivekanathan, 1968, "A Multi-dimensional Approach to the Structure of Personality Impressions," *Journal of Personality and Social Psychology*, 9：283-294.
Sherif, Muzafer, O. J. Harvey, B. Jack. White, & Carolyn Wood Shreif, 1961, "Intergroup Cooperation and Competition：The Robbers Cave Experiment," *Norman：Institute of Group Relations*, University of Oklahoma.
Tajfel, Henri, Micheal. G. Billig, R. P. Bundy, & Claude Flament, C., 1971, "Social Categorization in Intergroup Behavior," *European Journal of Social Psychology*, 1：149-178.
Turner, John C., 1987, *Rediscovering the Social Group：A Self-categorization Theory*, Blackwell. (蘭千壽, 磯崎三喜年, 内藤哲雄, 遠藤由美訳, 1995, 社会集団の再発見——自己カテゴリー化理論——誠信書房.)

6 戦後日本の社会変動と社会意識の変化

0 はじめに

「社会意識」という語は、何を指しているのだろうか？　本論に入る前に、まず、日本の社会意識研究のパイオニア見田宗介の見解に依拠しつつ、ここでは、社会意識をとりあえず以下の4点に着目して規定しておきたい（見田 1988：388-9, 1993：592-4. 山崎 1999a：410-1 参照）。

① 社会意識とは、特定の集団が、社会のあり方について一定程度共通してもつ思考や感情や意志の総称である。つまり、「特定の社会集団がもつ特定の社会的事象についての意識」である。

② その際、重要なことは、特定の社会集団がもつ意識のありようが、集団の客観的な存在条件に既定されているということ。より平明にいえば、何を考えているかは、その人々の立場（年齢・世代・役割・地位・階級・ジェンダー等）やその人々が生きている社会構造のあり方に依存するということである。

③ 社会意識は、その意識をもつ集団の存在諸条件に規定されるだけではなく、意識が存在のあり方を維持したり、場合によっては社会構造そのものを変革するような力をもちうるということ。したがって、その時々の「常識」や「偏見」は、批判的に検討することができ、変革可能であるということ。

④ 社会意識が規定される要因は、現在の存在諸条件からだけではなく、過去及び未来の存在諸条件や社会意識といった時間的・歴史的な位相にも関連しているということ。

さて、以上の点を確認した上で、まずは、意識と存在との関係について、これまで社会学がどのようにとらえてきたかを簡潔にふり返っておこう。

1　社会意識研究の系譜

　意識と存在を二元的にとらえて、両者の関係を統合的に把握しようとする試みは、西欧哲学の伝統であった。19世紀前半、社会学によって社会秩序を再建しようとしたオーギュスト・コント（Comte, A.）も、こうした伝統に基づき、三状態の法則をたて、意識と存在の歴史的発展段階を把握しようとした。ここでのポイントは、コントにおいては、意識（理念）が存在（社会の構造）を規定すると考えられていたことである。

　こうした伝統的な考え方にコペルニクス的な転換を要請したのはカール・マルクス（Marx, K.）である。マルクスは、「意識が存在を規定するのではなく、存在が意識を規定する」とし（Marx 1859＝1956：13）、人々の意識や価値観、道徳、倫理といったものは、それ自体としてあるのではなく、当該社会で、人々がどのようにして食い扶持を稼いでいるのか、いかなる労働によって生命を維持しているのかに依拠しているとみなした。

　こうしたマルクスのテーゼを社会学理論のなかに明示的に取り入れたのは、「知識社会学」という研究領域を確立したカール・マンハイム（Mannheim, K.）である。マンハイムは『イデオロギーとユートピア』において、「何を言っているか＝主張の内容」ではなく、「誰が、どのような立場で、どういう利害関心を持って、そのイデア（観念）を語っているか」を見極めることの重要性を指摘し（「意識の存在拘束性」と呼ばれる）、自らの立場性をも反省的にとらえる「普遍的イデオロギー」の視点が重要であると力説した（Mannheim 1929＝1971）。

　このマンハイムの議論を受け継いだロバート・K・マートン（Merton, R.K.）は、普通の人々の社会意識に着目し、それを世論調査などのデータをふまえて、機能主義の立場から実証的に研究する道筋を示した（Merton1949＝1961）。

　他方で、P．バーガー（Berger, P.L.）らは現象学的な知識社会学を提唱し、日常的知識が社会的に「現実」として構成される「され方」に焦点をあてて、「私」にとっての〈主観的な現実〉が、他者と共有される時、〈客観的な現実〉となるのはなぜか、そもそも現実が私と他者との間で現実であることはいかにして可

能かと問うた（Berger&Luckmann1967＝1977）。バーガーらは応用研究として近代化に伴う意識の変容を論じ、産業社会において「技術的生産（工場生産）」と「近代官僚制」という社会構造が、それに従事する人々や関わる人々の社会意識にどのような影響を与えるかという問題設定のもとに、近代的な生産過程や官僚制、そして都市化とマスメディアの普及が人々のアイデンティティを必然的に部分化・細分化し、統合的で安定したアイデンティティを保持できない「故郷喪失（homelessness）」の社会を作り出すと論じた（Berger et.al.1973＝1977）。

次節以降では、日本の社会意識の変容過程に焦点を当てて、今、私たちが生きている社会的な現実が立ち現れてくる過程を概観してみたい。

❷ 戦後日本の社会意識の変容

1945年の敗戦から65年の歳月が流れて、「戦後」からすでに2世代が過ぎた。もう少し遡れば、戦前世代からの3世代が、今の日本の社会と社会意識を形成していることになる。では、戦後日本の社会意識は、社会構造の変動と関連しながら、どのように変化してきたのか、または、変化していないのか。マートンがいう調査データに基づきつつ、バーガーのいう社会的現実のあり方に迫っていくことにしよう。

まず、戦後の比較的早い時期から、日本人の社会意識について継続的に調査を続けている統計数理研究所のデータをふり返ってみることにしたい。

注目する質問文は、「人のくらし方には、いろいろあるでしょうが、つぎにあげるもののうちで、どれが1番、あなた自身の気持ちに近いですか？」というものである。回答選択肢は以下の6つ。

① 一生けんめい働き、金持ちになること
② まじめに勉強して、名をあげること
③ 金や名誉を考えずに、自分の趣味にあったくらし方をすること
④ その日その日を、のんきにクヨクヨしないでくらすこと
⑤ 世の中の正しくないことを押しのけて、どこまでも清く正しくくらすこと

⑥ 自分の一身のことを考えずに、社会のためにすべてを捧げてくらすこと

この質問は、統計数理研究所が、サンフランシスコ講和条約によって日本が主権を回復した翌年の 1953（昭和 28）年から今日まで 5 年毎に 12 回にわたって継続的に実施している「日本人の国民性調査」の質問群の 1つである[1]。この回答結果を年次別に示したのが図 6-1 である。

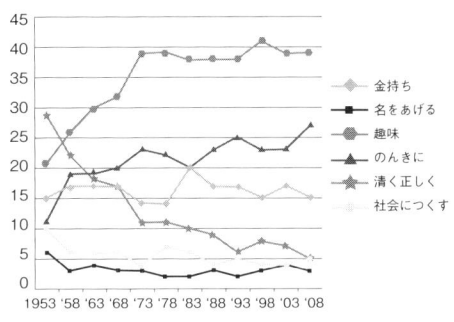

図 6-1　くらし方意識の変化
（統計数理研究所 web サイトより転載）

1953 年の調査では、⑤ の「どこまでも清く正しくくらす」が 29％ ともっとも多く、次いで ③ の「趣味にあった」が 21％、① の「金持ちになる」が 15％ と続いている。また、⑥ の「社会のために」も 10％ の回答がある。当時はまだ「どこまでも清く正しく」という考え方がリアリティをもっていた時代であったと考えられる。

1953 年以後の変化の傾向を大つかみに見てみると、1953 年から 1973 年の 20年間に暮らし方に関する日本人の意識が劇的に変化したことがわかる。

つまり、1953 年から 1973 年の 20 年間に「清く正しく」「社会につくす」「名をあげる」の 3 つが減少しており、これらは社会志向的な項目と名誉に関わる項目である。他方、増加しているのは、「趣味にあった」「のんきに」という私的な生活に志向した項目である。「一生けんめい働き、金持ちになる」はほぼ横ばいである。つまり、社会的な志向が減少し、私生活的な志向が増加していることが確認できる。そして、1973 年以後 2008 年まで、回答の順位は、小さな変化や同順位になることはあるものの、基本的な順位には変化がない。

では、1953 年から 73 年までに意識が大きく変化し、その後、基本的な順位に変化がないということの理由について考えてみよう。意識の変化量が大きい1953 年から 73 年という時期は、いわゆる経済の高度成長時代（開始時期は諸説あ

2　戦後日本の社会意識の変容

るが一応 1955 年〜73 年の 18 年間）にほぼ対応する。この間、国民は「モーレツ」に働き、GDP（国内総生産）は名目で約 13.7 倍にまで達している。しかし、社会意識の変化にとって重要なのは、単に日本が赤貧の生活から世界第二位の経済大国になったということではなく、人々の暮らし方が（マルクスの言葉で言えば下部構造が）激変したということである[2]。以下、要点をまとめておこう。

2-1：産業構造の転換と職住分離型の生活への転換

まず、産業構造が農業中心から鉱工業、サービス業中心へと急速に変化した。戦後のスタート時点では、労働者の過半数は農林漁業に従事していた。それが 1970（昭和 45）年には 19％、1975 年には 14％ にまで急速に減少している。そして製造業を中心とする第二次産業人口と卸売・小売・サービス業を中心とする第三次産業人口が急増し、1975 年においては、これらがそれぞれ 34％、52％ となるのである。

暮らし方に照準してみるならば、家族全員が共同して「家の近くで」働いていた生活のありようが、一家の「主人」が「サラリーマン」として「外で」働き、女と子どもと高齢者が家の「内に」残されるという生活へと変化したのである（上野 1990：9）。一言でいえば、農業における「職住一体」の働き方・生き方が、サラリーマンとしての「職住分離」の生活へと転換したということもできよう。この産業構造の転換、職住一体から職住分離への生活の変化は、人口動態的には農村から都市への人口移動として、また家族形態としては核家族数の急増という形で現象した。

2-2：都市化と核家族化

農村から都市への人口移動も明治後期から徐々に進み、戦後直後には都市人口 3 割弱、農村人口 7 割強であったが、1955（昭和 30）年には都市人口 56％、農村人口 44％ へ、そして 1970（昭和 45）年には都市人口は 72％ へと増大する。わずか 20 数余年の間に、都市と農村の人口比率が 3 対 7 から 7 対 3 へと激変するのである。これは西欧諸国が 100 年以上かけて成し遂げた都市化を、わずか四

半世紀で行ったことを意味している。この短期間での急速な都市化は、都市部に個人と個人、家族と家族とを繋ぐ自立的なネットワークを十分に発達させることなく、全国の大都市周辺に均質な「郊外」を形成させた。確かに、都市化は人々に旧来の共同体からの解放をもたらしはしたが、同時に農村における共同体の破壊（過疎化）と都市のみならず農村も含めた全国的な生活の「個人化」を促進した。

また、産業構造の転換や都市化の進行は、家族の形を大きく変えていった。しばしば指摘されるように、日本で核家族化が進むのは決して戦後になってからではない。1920（大正9）年に実施された第一回国勢調査の時点で核家族率はすでに5割を超えていた。高度成長が始まった1955年の核家族率は約60％で、1975年の調査では64％となり、それ以後は漸減していく。

にもかかわらず戦前が拡大家族（3世代家族に代表される）で戦後が核家族とイメージされるのは、実数の推移である。拡大家族は、高度成長期から1980年代の後半までほぼ640〜720万世帯前後であり1割程度の微増である（1990年代以後漸減する）。つまり、誰かが（多くの場合は男性長子が）親の家を継いでいるのである。これに対して、核家族世帯数は1955年には1,037万世帯であったのが、1975年には2,000万世帯と約2倍になり、2000年には2,730万世帯へと増加している。実数が倍増しているのに構成比が顕著に増えていないのは、単独世帯も増加しているからである[3]。

こうした数の変化とともに、重要なのは、旧民法下の家制度からの解放という制度的改革にある。旧来の封建的な家制度に変わって、自由で平等な家族というイメージが戦後の核家族に投影されたといってもよいだろう。実際、恋愛結婚が見合い結婚を上回るのは1960年代の半ばであり、高度成長の真っ最中である。自由意志で相手を選び、恋愛して、結婚して、1〜3人の子どもを作るといういわゆるロマンチックラブ・イデオロギー（社会意識の一形態）が広く浸透していくのも60年代末以後と推定できる（落合1994：147）。

2-3：家電と団地とマスメディアの普及

　都市化と家族形態の変化は、生活レベルでの技術革新と相まって進行した。よく知られているように、1950年代後半から60年代前半は、洗濯機、冷蔵庫、白黒テレビが電化製品の「三種の神器」と呼ばれ急速に普及した時期にあたる。この時期に家事の内容や食生活、メディア生活のあり方が激変したのである[4]。また、1970年ごろには「カー・クーラー・カラーテレビ」が「新3C」と呼ばれ、こうした家電や車を所有することが、「中流の」「人並みの家庭」を営むことを意味していた。

　さらに、家電や車の普及と相前後して、全国各地に「スーパー」が誕生する。近くの食品店や雑貨屋でその日その日の最小限の食材や生活用品を購入する生活から、スーパーで格安の商品をまとめ買いする生活へと移行する。このように戦後復興期の赤貧生活から、現在の生活とほぼ同様の「便利で快適な」生活の基盤が形成されたのが高度経済成長期であり、これは日本に「大衆消費社会」が誕生したことを意味してもいた。

　また、メディア面でもマスメディアにおいては、新聞・ラジオに加えてテレビが普及することによって、都市生活の様相が全国津々浦々にリアルに伝えられていく。さらに個人メディアにおいても、1960年代末から70年代にかけて、一般家庭に固定電話が普及し、自動ダイヤル化が進むことで料金も下がり、日常的なコミュニケーションツールとして使用されるようになる。これらは、それまで対面的なコミュニケーションこそがリアリティの核であったような他者関係から、非対面的な関係性、生身の人間同士ではない、空間的あるいは時間的関係を共有しない相手との関係の重要性が浮上してきたことを意味してもいる[5]。

　以上のように、高度成長後の1970年代の半ばごろから、大都市「郊外」の団地、マンション、建売り住宅に、サラリーマンの夫と専業主婦の妻と子どもからなる核家族が家電製品に囲まれて暮らすという生活様式が実体化した。これは、一言でいえば、今日の飯を心配する必要のない「ゆたかな社会」の確立を意味しており、社会意識の問題としては、高度成長が始まった1950年代には多くの国民に共有されたマルクス的苦悩（生命維持の問題）が、高度成長終焉後の70

年代半ばにはバーガー的苦悩（故郷喪失）へと変異したと見ることもできよう。

❸ NHK 調査にみる社会意識の変容と APC 効果

「清く正しく」や「社会につくす」「名をあげる」という暮らし方意識が激減していく理由には、社会構造の変動だけでなく世代の交代という歴史時間的な要因も大きく影響している。高度成長を支えた世代は、実は明治30年代半ばから戦前生まれの世代である。つまり戦前の社会で育ち、戦中を生き残った世代が高度成長を支えたのであり、この世代の引退とともに、暮らし方に関する意識も変化していったとみることもできる。本節では、こうした社会意識の変化の理由について、NHK放送文化研究所の「日本人の意識」調査（以下「NHK調査」）をもとに、「年齢」「性」「世代」といった視点を加えつつ、もう少し詳しくみていくことにしたい。

3-1：NHK 調査にみる社会意識の変容

ここでは、前節でみた国民性調査の「人々の暮らし方」意識に対応する「生活目標」に関する意識と「婚前交渉」に関する意識の変化をみてみよう。

NHK調査では、広い意味での生活の目標に対する質問は、次の4つの選択肢から1つを選ぶ形式である。

① その日その日を、自由に楽しく過ごす
② しっかりと計画をたてて、豊かな生活を築く
③ 身近な人たちと、なごやかな毎日を送る
④ みんなと力を合わせて世の中をよくする

実は、この4つの選択肢は、「未来中心」か「現在中心」かという時間軸と「自己本位」か「社会本位（他者との関係性を重視する）」かという社会関係軸の2つの軸から構成される価値類型に基づいてつくられている（図6-2）。つまり、①「その日その日を自由に楽しく」は「現在中心」で「自己本位」という位置づけであり、NHKの分析グループはこれを〈快志向〉と名づけた。同様に②「豊

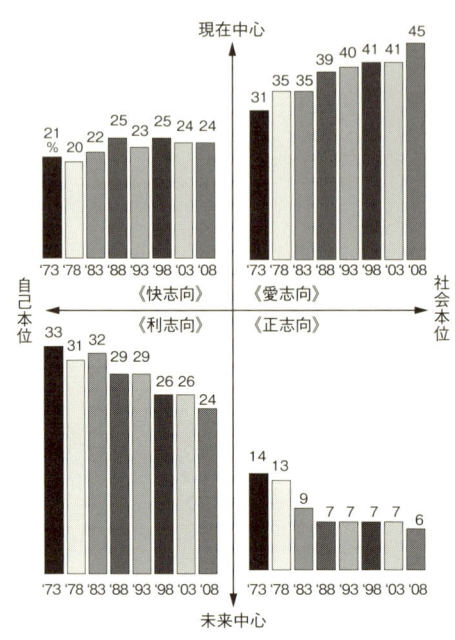

図6-2 生活目標に関する意識の変化
（NHK第7版199頁の図を一部変更して転載）

かな生活」は「未来中心」で「自己本位」であるから〈利志向〉、③「なごやかな毎日」は「現在中心」で「社会本意」として〈愛志向〉、そして④「世の中を良くする」は、「未来中心」で「社会本意」であるから〈正志向〉と、それぞれ名づけられた[6]。

社会学において、時間（意識）については多くの研究があるが、前近代の時間意識が過去志向的であったり現在志向的であったりするのに対して、近代の時間意識は資本主義に代表される「未来への投企」に特徴づけられる（真木1981等）。「将来の利益のために現在において投企する」という考え方であり、「志望する大学に受かるために、今は我慢して勉強する」といった未来志向的な意識のあり様である。他方、社会関係については、前近代的な共同体に埋没した形の「社会本位」から、個人の自立による「自己本位」への転換が近代的意識とされ、さらに、個人の自立を経た上での「他者との協働」（新しい社会本位のあり方）がさまざまな形で模索されてもいる。

では、調査の結果はどうか。詳細はNHKの分析を参照して頂くとして、ここでは以下の3点を確認しておこう。

一つ目は、前節で見た「国民性調査」のような大きな変化はない、ということである。つまり、高度成長期に見られた社会構造と社会意識の激変に相当するような変化は、1970年代半ば以後、生活目標といった基本的な価値意識にお

90　第6章　戦後日本の社会変動と社会意識の変化

いては見られない。

　二つ目は、四つの価値類型別での順位には変化がないものの、現在中心か未来中心かという時間軸に照準してみると、1973年には現在中心が52％、未来中心が47％とほぼ均衡していたのが、年代が下がるとともに徐々に現在中心が増加し、直近の調査では現在中心は約7割に支持され、未来中心は3割まで低下している。これは価値類型別には、〈愛〉志向が31％から45％へと14％増加しているのに対して、〈利〉志向と〈正〉志向が減少し続けているためである。

　人々の生活意識のレベルでは、少なくとも NHK 調査にみるかぎり、未来志向的な生活目標が減少し、現在志向的な生き方が希求されるようになっているといえよう。これは高度成長期の「会社人間」的な経済優先の時代から、一定の経済的豊かさのなかで、家族などの情緒的な人間関係を重視する時代へと社会が変化したと解釈することもできるし（NHK の分析はこの方向で論じている）、他方、基本的には未来志向的な社会構造のなかで、将来的な希望がもてない閉塞的な時代にあって、身近な人たちと和やかに暮らしたり、その日を自由に楽しく過ごすという生き方を選ばざるをえなくなっていると解釈することもできる。

　さて、三つ目に、年齢とジェンダーに着目して、傾向性を簡潔にみておこう。

　年齢に着目してみると、1973年から2008年まで、10代後半では〈快〉志向が、20代前半では〈愛〉志向が選択される傾向が強い。これに対して、20代後半から50代前半までは〈利〉志向の選択率が高くなり、50代後半以後、再び、〈愛〉と〈快〉が増加する。人生のライフステージに対応して、就職→結婚→育児という時期に〈利〉志向が増加するという傾向がみられるのである。つまり、いつの時代にあっても、一定の年齢層が置かれたライフステージ上のあり方によって、意識の様態が決まってくることがわかる。

　では、ジェンダーではどうか。10代後半においては、男性で〈快〉志向が強く、女性では〈愛〉志向が強い、20代以後では、ライフステージに応じて、男性は〈愛〉→〈利〉→〈快〉と変化する傾向が見られるが、女性は人生を通じて男性に比べて〈愛〉志向の支持率が高い、といった傾向がみられる。生活目標と

いう基本的な価値意識に関して、ジェンダーによって明らかに意識のあり様が異なっていることがわかる。

3-2：APC 効果

さて、生活目標という基本的な価値意識に関しては、高度成長以後は劇的な変化はないこと、またそうしたなかで、現在志向的な行き方が希求されるようになってきていること、そして年齢やジェンダーによって、意識のもち方に一定の傾向性があることをみてきた。では、高度成長以後、日本人の意識はそれほど大きく変化してはいないのだろうか。NHK調査は、1973年から2008年の35年間の意識変化について、各回答の変化を計量的に分析している（NHK 第7版：211）。この結果をみると、70年代から2000年代の35年間でもっとも大きく変化したのは、ジェンダー・セクシュアリティ・家族といった領域に関わる意識である。ここでは、変化量がもっとも大きい質問について取り上げ、その変化の要因に関連させつつ、APC効果という概念について触れておくことにしたい。

変化量がもっとも多かった質問文は「結婚していない若い人たちの男女関係についてどのようにお考えですか」というものであり、回答選択肢は以下の4つである（括弧内は NHK が分析で用いた省略表現）。

① 結婚式がすむまでは、性的まじわりをするべきではない（不可）
② 結婚の約束をした間柄なら、性的まじわりがあってもよい（婚約で可）
③ 深く愛し合っている間柄なら、性的まじわりがあってもよい（愛情で可）
④ 性的まじわりをもつのに、結婚とか愛とかは関係ない（無条件で可）

今見ると、いかにも時代を感じさせる選択肢だが、1973年当時においては、この選択肢は一定のリアリティをもっていた（図6-3）。

1973年の調査においては、結婚するまでは駄目だという意見が6割近くに達しており、この考え方が「正論」だったことがわかる。「婚約で可」を入れると7割を越える。つまり、結婚と性的関係は非常に強く結びついていて、それが当然と思われていたのである。35年後の2008年を見ると、結婚するまでは駄

目という人は 23％、4 人に 1 人以下になっている。「婚約で可」を合計しても 46％ で過半数に達しない。1990 年代以後は、4 つの選択肢のなかでは、「愛があれば良い」という回答がもっとも高くなっており、性的関係は、結婚や婚約という制度上・形式上のあり方よりも、愛という情緒的関係に強く結びつけられるようになってきていることがわかる。

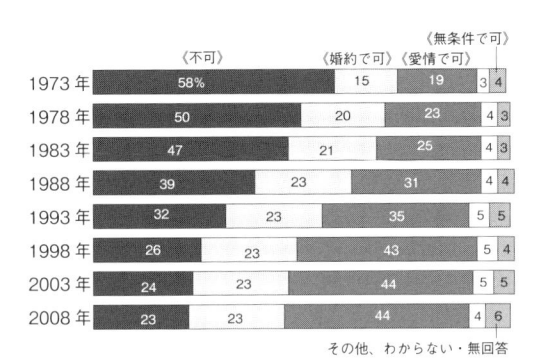

図 6-3　婚前交渉についての意識の変化（NHK 第 7 版 32 頁より転載）

　では、こうした変化はどのような要因で生じたのか。ここでは、「APC 効果」と呼ばれる概念を用いて説明してみよう。APC の「A」は Aging で「加齢効果」あるいは「年齢効果」と訳される。生活目標について論じた際に、いつの時代にあっても、若年期は〈快〉志向や〈愛〉志向が多く、20 代後半からは相対的に〈利〉志向が強まり、50 代半から再び〈快〉志向・〈愛〉志向が強まるという傾向性があると述べたが、これは Aging として説明することができる。

　「P」は Period の略で「時代効果」と呼ばれる。つまり、年齢等に関係なく、すべての人々に一定の影響を与えるような社会全体の変動要因を指す。

　また、「C」は Cohort の略で、ほぼ同時代に生まれた人々が、その後、同年齢で同一の経験を重ねることによって、似通った意識や行動パターンをとることを指す。たとえば、日本で「団塊世代」という際は、狭義には 1947〜49 年の 3 年間に生まれた約 800 万人を総称し、このコーホートが、さまざまな社会的出来事を同年齢で同時代的に体験することによって、特定の意識構造や行動様式をもつ場合、それが団塊世代のコーホート効果と位置づけられるのである。

　こうした視点から婚前交渉についての調査結果を分析するために、1973 年の調査と 1988 年の調査の結果について、男女別に、回答比率を出生年別に示した

のが図 6-4 である。分析に際して、NHK の研究グループは、4 つの回答選択肢に関して、①の「不可」を〈厳格〉として、②以下の「婚約で可」「愛情で可」「無条件で可」の 3 つを〈解放〉として再分類している[7]。図の横軸が出生年（年齢ではない）で、縦軸が〈厳格〉〈解放〉別の回答比率である。

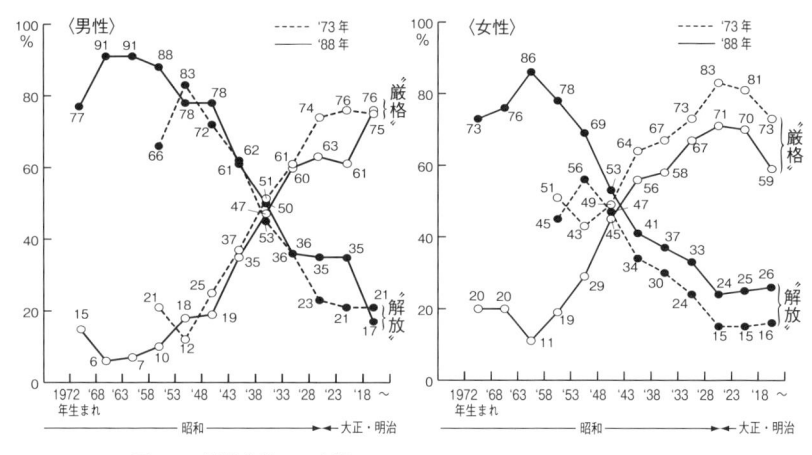

図 6-4 婚前交渉への意識 （出生年別、1973 年調査と 88 年調査の比較）
（NHK 第 3 版 85 頁の図を一部修正して転載）

　まず、いずれの調査においても、〈厳格〉と〈解放〉が逆転するのは、男性では 1938（昭和 13）年前後生まれ、女性では 1945（昭和 20）年前後生まれであり、これより上の世代では厳格派が多く、下の世代では解放派が多くなっている。要点は、両者が交わる点が 15 年間を経た後でも同じ出生年であるということである。1938 年生まれの男性は 1973 年調査の時点では 35 歳であり、1988 年調査のときは 50 歳である。1973 年当時は、年齢で見れば 35 歳以上の男性に〈厳格〉が多かったわけだが、これは加齢効果ではなく（もし加齢効果なら 1988 年の調査でも 35 歳 = 1953 年生まれでクロスしているはずである）、出生コーホートによる違いであることがわかる。NHK の分析グループは、この点について、「性に対する考え方は、若いうちは解放的で年をとると厳格になるというより、その人がどの

ような時代に人格形成期を送ったかでほぼ決まってくる」と論じている（NHK 第3版：84）。つまり、戦前の良妻賢母的、家父長制的な厳格な性規範のなかで育った人々は、性の解放が進んだ時代にも厳格なままであり、これに対して、戦後民主主義のなかで教育を受けた世代は、性についてある程度解放的な意識をもちやすいということである。

ただし、女性のグラフを見ると、クロスポイントはほぼ同出生年であるが、いずれの出生年においても、73年調査よりも88年調査の方が〈解放〉が増加し、〈厳格〉が減少している。これは、女性については、同じ生まれ年の人びとが、15年という時代の変化とともに意識を変えたことを意味している。

さらに、1993年調査以後のデータを同様に出生年別で分析してみると、男女ともに、〈厳格〉と〈解放〉のクロスポイントが右へ、つまりより古い出生年の方向へとずれていく。つまり、男性では1930年代前半生まれ、女性でも1930年代後半生まれでクロスするようになる（NHK 第4版：96、第5版：28、第6版：49）。かつ、高齢層の同年生まれを比較した場合も、〈解放〉の増加率と〈厳格〉の減少率がしだいに大きくなっている。

以上のことから、女性においてはすべての出生年で1980年代後半から、また男性については1938年生まれ以前の出生コーホートについて1990年代以後、顕著な形で意識が変化していることがわかる。新しい世代、若者だけが解放的な意識をもつのではなく、高齢層においても意識が変化していることから、ここに時代効果（P効果）の影響をみることができる。とくに、性の二重規範や良妻賢母、純血主義といった性規範に拘束されてきた女性において、その変化の度合いは大きかったと考えられるのである。

最後に加齢効果について見ておこう。図から明確にわかることは、1973年調査においても83年調査においても〈解放〉がもっとも多いのは男女ともに20代前半であり、この傾向はその他の年次の調査結果でも同じである。つまり、10代後半は20代前半に比べればやや保守的で、もっとも解放的な意識をもつのは20代前半であるという特徴をそれぞれのグラフの左端の山から読み取ることができる。しかし、各年次の調査での同一年齢での〈解放〉の回答比率は、

年次を追うごとに顕著に増加しており、婚前交渉意識の激変の理由は、一つには世代の交代（コーホート効果）、そして 80 年代以後の性の解放による時代効果と解釈するのが適切であると考えられる[8]。

4 おわりに

本章では、社会意識と存在諸条件（社会構造）との相互規定的な関係性という視点から、とくに社会構造の変化が「暮らし方意識」や「生活目標」といった基本的な社会意識に与える影響についてみてきた。日本の社会構造は高度成長期に激変し、資本主義経済に支えられたその構造は基底的には今日まで続いている。この意味では、高度成長期に生じたような大きな意識変化はなく、70 年代以後、私たちは「同じ時代」を生きているということができる。

他方、70 年代後半以後、日本社会は意識においても構造においても激変している、とみることもできる。高度成長後の日本社会は、記号的消費、情報化、グローバリゼーション、環境、フェミニズム、少子高齢化、「家族」の解体等々のキーワードに集約されるような、それ以前にはないあらたな問題に直面し、この過程のなかで、新しい構造変動と社会意識の変化が生じてもいる。これらの点について、本章では、一例として「婚前交渉意識」を取り上げ、変化の一端を APC 効果という概念の解説とともに論じた。

また、社会意識に関する社会学の分析方法も、「年齢と意識」「ジェンダーと意識」といった 2 変数間の変化をとらえる方法（クロス分析）から、エラボレーション（年齢・男女・意識といった 3 変数間の分析）を経て、多変量解析（回帰分析・クラスター分析・数量化 I-IV 類等）と呼ばれる複数の変数間の多次元での変化を把握する手法が用いられるようになってきている。また、量的調査だけでなく、インタビュー等の質的調査においてもデータマイニングの手法が平易に使える時代を迎えつつあり、方法的にもあらたな次元に達しつつあるといえる。

本章では、こうしたあらたな問題や方法に触れる紙幅はないが、本章で紹介した「日本人の国民性」調査や NHK 調査においても、あらたな問題への取り

組みや新しい分析方法を用いた分析が行われているので、ぜひ参照して欲しい。

(山崎　哲哉)

【注】

(1) この質問の詳細は西平の研究を参照のこと（西平 1961：127-9）。なお、「日本人の国民性調査」の過去データは統計数理研究所の次のサイトから閲覧することができる。http://www.ism.ac.jp/kokuminsei/index.html（2011 年 1 月 31 日確認）
(2) この時期の変動を含む戦後の社会変動を歴史学の視点からまとめたものとして中村政則（2005）を、社会学的視点からの素描としては見田（2006）の 3 章等を参照のこと。
(3) 単独世帯は、1955 年に 62 万世帯に過ぎなかったのが、1975 年には 420 万世帯と 7 倍に急増しており、2000 年には 1,160 万世帯で全世帯の 28％ を占めるに至っている。
(4) 洗濯機をはじめとするモノの誕生が女性の生活をどのように変えていったかについては、天野正子・桜井厚（1992→2003）を参照のこと。
(5) 電話の普及過程やコミュニケーション様式の変化については、吉見俊哉他（1992）を、非対面的な関係性については、拙稿（1999b）等を参照のこと。
(6) この価値類型は、見田（1966）に基づくとされる（たとえば、NHK 第 7 版：198）。なお、NHK 放送世論調査研究所編『現代日本人の意識構造』は、第 7 版まで刊行されており、版によって編著名が異なるため「NHK 第○版」という表記を用いる。
(7) 現在の感覚からすれば、「婚約で可」は解放的な意識とはいえないが、70 年代末に刊行された第 1 版から 2000 年に刊行された第 5 版までは、この再分類が用いられている。尚、2010 年の第 7 版では、この再分類はなくなり、各回答選択肢別の分析となっている。
(8) NHK 第 7 版では、「愛情で可」と「結婚するまで不可」という 2 つの選択肢の回答率の変化について、1973 年から 2008 年までのすべての調査の回答率を出生年別に図示し、基本的にはコーホート効果によるところが大きいとしている（NHK 第 7 版：34-5）。また、加齢効果、時代効果、コーホート効果の相違を統計的に把握するこが困難であることを、平易な例によって示してもいる（同：付録 34-5）。

【参 考 文 献】

天野正子・桜井厚，1992『「モノと女」の戦後史』有信堂→2003，平凡社ライブラリー 462 として再版
Berger, Peter L.& Thomas Luckmann, 1966, *The Social Construction of Realituy*： *A Treatise in the Sociology of Knowledge*, Doubledays.（＝1977，山口節郎訳『日常

世界の構成』新曜社→2003, 改題新版『現実の社会的構成』新曜社.)
―――, with Brigitte Berger and Hansfried Kellner, 1973, *The Homeless Mind : Modernization and Consciousness*, Penguin. (＝1977, 高山真知子他訳『故郷喪失者たち』新曜社.)
Mannheim, Karl, 1929, *Ideology und Utopia*, Routledge & Kegan Paul. (＝1971, 高橋徹・徳永恂訳『イデオロギーとユートピア』『世界の名著 56 マンハイム・オルテガ』中央公論社.)
Marx, Karl, 1859, *Zur Kritik der politischen Ökonomie*. (＝1956, 武田隆夫・遠藤湘吉・大内力・加藤俊彦訳『経済学批判』岩波書店.)
Merton, Robert K., 1949, *Social Theory and Social Structure : Toward the Codification of Theory and Research*, Free Press. (＝1961, 森東吾・森好夫・金沢実・中島竜太郎訳『社会理論と社会構造』みすず書房.)
真木悠介, 1981『時間の比較社会学』岩波書店→2003, 岩波現代文庫として再版
見田宗介, 1966『価値意識の理論』弘文堂.
―――, 1988「社会意識」見田宗介・栗原彬・田中義久編『社会学事典』弘文堂.
―――, 1993「社会意識」森岡清美・塩原勉・本間康平編『新社会学辞典』有斐閣.
―――, 2006『社会学入門』(岩波新書 1009) 岩波書店.
中村政則, 2005『戦後史』(岩波新書 955) 岩波書店.
NHK 放送世論調査研究所編, 1979, 1985, 1991, 1998, 2000, 2004, 2010『現代日本人の意識構造』日本放送出版協会. 第 2 版・第 3 版は「NHK 世論調査部編」、第 4 版以降は「NHK 放送文化研究所編」.
西平重喜, 1961「第 III 章 3 節 年齢の影響と時世の影響」統計数理研究所国民性調査委員会編『日本人の国民性』至誠堂.
落合恵美子, 1994, 1997, 2004『21 世紀家族へ』(初版、新版、第 3 版), 有斐閣.
統計数理研究所国民性調査委員会編, 1961『日本人の国民性　第 1-4 巻』至誠堂.
統計数理研究所国民性調査委員会編, 1992『第 5 日本人の国民性　戦後昭和期総集』出光書店.
上野千鶴子, 1990『家父長制と資本制』岩波書店.
山崎哲哉, 1999a「社会意識」庄司洋子・木下康仁・武川正吾・藤村正之編『福祉社会事典』弘文堂.
―――, 1999b「もう一つの社会空間――匿名的親密性という視点から」『情況別冊現代社会学のトポス』情況出版.
吉見俊哉, 若林幹夫, 水越伸, 1992『メディアとしての電話』弘文堂.

7 歴史のなかの私たち

0　はじめに

　なぜ学校で歴史を学ぶのだろうか。歴史を学ぶことで、何かよいことがあるのだろうか。中学や高校、そして大学への入学試験のために、「ナクヨうぐいす平安京」という語呂あわせで平安京が遷都した794年を覚えなければならないけれど、何かの役に立つことがあるのだろうか。そのような疑問を、受験勉強に追われていた頃、抱いていた人は多いだろう。

　優等生だったら、次のように答えていたかもしれない。過去を学ぶことで、よりよい未来を作り出すことができるのだと。

　たしかに、過去をよく知ることで、よりよい社会を作るのに必要な教訓を得ることはできるかもしれない。国家の運営は、歴史上の成功や失敗の事例から多くを学ぶことができる。同様に、企業の経営にも歴史の教訓は生かせるというものだろう。しかし、それならば過去の姿を明らかにする仕事は、プロの歴史研究者に任せておき、それを学ぶのは国の舵取りをする政治家や官僚、あるいは大きな組織や企業のリーダーだけでよいことで、私たちすべてが歴史を学ぶ必要はないのではないのだろうか。別に大きなことを成し遂げようというわけではない「一般人」には、（人によっては）おもしろくもない歴史を学ぶ必要はないのではないだろうか。このような疑問が起こっても不思議ではない。

　はたして、歴史を学ぶことに、どのような意味があるのだろうか。本章では、歴史的事実の客観的な把握の難しさについて解説しながら、その上であえて私たちが歴史を学び考えることの重要性について考えてみたい。

1 歴史とは何か

1-1：歴史を学ぶ

大学に入るまで、すなわち高等学校までの私たちの歴史についての考え方には、二つの前提があったのではないだろうか。一つ目は、歴史とは、学ぶ主体である私から離れて客観的に存在しているということ。二つ目は、その客観的な歴史を、私は努力すれば正確に学ぶことができる、あるいは完全に理解するまで学び続けていくことができるというものである。そのような考えを、無意識のうちに前提してしまっていないだろうか。

まず二つ目の前提から考えてみよう。たしかに、高校までの社会科で学ぶ歴史の授業は、教科書をもとに進められるもので、学校で配られる教科書を暗記するくらいの勉強をしないと高得点は望めない。時おり話題になる周辺国との領土問題にしても、私たちはインターネットで情報を収集しながら、どの情報が、より客観的な（つまり正しい）歴史について述べられたものであるかを判断しようとしている。そして、真実を違えて伝えていると思われる側を、真実を歪曲して伝える悪者として想像する。誰かが本当のことを知っていて、それを隠そうとする、あるいは偽って違うことを主張する悪者が存在すると考えるのである。

しかし、偽りのない完全な真実を知っているのは誰なのだろうか？　その歴史的な出来事が起こった現場にいた、当事者であろうか。たしかに、歴史的な事実を目撃する当事者は、歴史的な事実をいちばん正確に証言するにふさわしい人物かもしれない。しかし、歴史的な事実は、一瞬のうちに起こり、そして収束するものではない。時間的な広がりをもって経過するのが歴史的な事実である。

鎌倉幕府の成立を例に考えてみよう。長いあいだ、鎌倉幕府の成立は1192年と教科書には記述されていた。1192年とするのは、建久三年（1192年）7月12日に源頼朝が征夷大将軍に任命された事実に基づいていた。では、その事実を目撃したのは誰だろうか？　7月12日とは、おそらく当時の後鳥羽天皇が、源

頼朝に征夷大将軍を任ずるとの書状（今でいう辞令）を発行した日であろう。実際に頼朝がその書状を手にするのは、京都から使者が馬を駆って届ける数日後ということになる。頼朝が書状を受け取らなければ幕府の成立はありえないので、書状の作成から頼朝の受領まで数十時間にわたる時間の幅があることになる。

　ところで最近では、鎌倉幕府の成立を、1185年と覚えた人が多いのではないだろうか。鎌倉幕府の成立といっても、それには守護や地頭など、支配に必要な警察機構や統治制度の確立が前提となっている。最近では、この守護と地頭が設置された1185年を、幕府の成立とする説が有力である。ひと口に幕府の成立といっても、何年もの時間をかけて実現していることがわかる。つまり、ひとつの歴史的事実、広がりのある時間のなかで、複数の組織と、それに関係する無数の人々が関わっていることになるのである。

　私たちの日常生活を形成する現実はあまりに複雑であり、歴史的な事実とは、ある歴史家がみずからの判断により無限に多様な現実のなかから一部の事実を抽出して真実として描き出したものにすぎないのである。このように、私たちは限られた事実から構成された歴史を、不完全なものとして学ぶことしかできないのである。

　もっとも、時期や細かな事実についての認識のずれにとどまらずに、ひとつの出来事について、大きく食い違う解釈が飛び出すことが日常でもある。ある出来事について、それを観察した人によって、描き出される姿がまったく異なってしまうという事態を描き出したのが、黒澤明（1910-1998）監督の名作映画『羅生門』（1950）[2]である。平安時代の山中で起こった殺人事件をめぐり、目撃者や当事者たちがどのように証言し、あるいは行動するか、深い人間観察をもとに描き出した傑作である。

　平安時代の都に近い山中で、侍の死体が発見される。容疑者として捕らえられた多襄丸が旅途中の夫婦のうち侍である夫をだまして縛り、さらに侍の目前で妻を強姦したという。

　検非違使庁で行われた検分には、事件の目撃者である杣売りと旅法師、そし

1　歴史とは何か　　101

て容疑者としての盗賊と、殺された侍、そしてその妻が呼び出される。侍はすでに死んでいるので、霊媒を通して証言する。驚くべきことに5人の口からは、微妙に異なるどころか、すべて食い違う証言が飛び出すのである。

映画『羅生門』が描き出したのは、真実は当事者の数だけ存在するという、出来事の解釈の唯一性の否定であった。映画が示すほど極端ではないにせよ、ある出来事をめぐり当事者たちの証言が異なることは往々にして体験されているのではないだろうか。メディアで報道される犯罪事件をめぐっても、互いに食い違う当事者たちの証言が漏れ聞かれるのは日常茶飯事である。ひとつの出来事でありながら、当事者たちの証言がまったく異なる事態は、「羅生門効果」[3]と呼ばれている。ひとくちに事実といっても、実はその確定には困難が伴うのである。

1-2：文学と歴史の違い

映画『羅生門』が示すように、現実の描かれ方は、目撃する人によってまったく異なったものになりうる。同じ場所や時間を共有していても、人によって描く過去の姿が異なりうるということなのである。出来事の当事者の証言によって描かれる過去の姿がこれほど揺れ動くものであるとするならば、すなわち、歴史的事実の確実さを成り立たせる根拠がこれほど危ういものであるとするならば、フィクションやノン・フィクション、あるいは文学と歴史の境界は、非常に曖昧なものとなってしまわないだろうか。

歴史的事実を成立させる条件についての問題関心から、歴史的表現がもつ限界を言語哲学の方面から研究したのが、文芸批評の影響を受けた歴史学者であるヘイドン・ホワイト（White, H.）である。ホワイトは、19世紀のヨーロッパにおける歴史的想像力を理論的に考察した『メタヒストリー』や『言述の喩法』といった書物のなかで、歴史的な現実を歴史の表現として構成する際の、歴史家の想像力や表現が採用せざるをえない喩法の問題を論じた。

ホワイトによると、現実の理解とは《よくわからないもの》である現実を、《よく知っているもの》として理解する過程のことであり、この理解の過程は、

比喩的なものを通してでしかありえない。そしてこの比喩は、いくつかの種類に限定されてしまうというのである。言い換えるならば、人間が世界を表現するために用いることができる表現方法は、これら喩法のいずれかに当てはまるということなのである。現実はありのままに表現されることはなく、比喩的なものでしか表現されない、つまり歴史は比喩でしかなく、その点でフィクションに比べて特権性を有する根拠をもたないというのである（White 1973）。

　客観的な歴史は存在しない、頼りにできるのは記述された言語だけであり、究極の現実を知ることは不可能である。ホワイトがこのような指摘を行ったのは、何も歴史を否定するためではなく、歴史を表現することの難しさを指摘することにより、歴史が「現実」の単純な模写であるという、旧来の歴史観に警鐘を鳴らすことが目的でもあった。こうした言説と現実との実体的な結びつきを否定する考え方は、ポストモダン歴史学と呼ばれ、伝統的な歴史学の考え方、つまり、書かれた文字資料に基づいて、唯一の歴史を描くことができるとする考え方に反省を促したという点で、一定の評価をされるべきものである。くり返すが、歴史を書くというのは、もともと見る時代や人によって異なる現実を、暴力的にひとつの見方からまとめるという、一種の飛躍を伴った行為でもある。歴史学者は、こうした飛躍の存在について意識的であるべきであり、方法的に謙虚であるべきである。そうした方法的謙虚さのなかからこそ、ステレオタイプな解釈に縛られない、斬新な過去のイメージが紡ぎ出されていく。ホワイトが提起しようとしたのは、そうしたダイナミックで生産的な歴史学の姿だったのである。

　過去の描写の唯一性を否定し、多様な解釈がありうるという相対主義的な考え方によると、複数の視点で描かれた歴史表現のうち、どれが正しく、どれが間違っているかを確定する理論的な根拠は存在せず、いずれの表現も等しく真実であると考えることも可能である。しかしこうした考えは、生身の身体を備えた人間が構成する社会では不都合となる。真実は「藪の中」では困るというのが、私たちが暮らす世の中である。殺人事件が起こって、誰がどのような経緯で犯行に及んだのか、時間をかけて永遠に事実の再解釈をくり返しながら捜

査を進めたのでは、遺族はたまったものではない。社会秩序の維持という観点からも問題であるし、隣接する国家のあいだで領土問題が起こった時にも、合理的に解決する手段がなければ、国際秩序が成り立たないのである。

　また歴史問題に即していうと、戦争犯罪では、この問題はもっと先鋭化してくる。上述の相対的な考えは、過去についての公共的な理解を、イデオロギー的に修正しようとする歴史修正主義[4]と結びつく。そして人類史上例をみない悲劇であったナチスによるユダヤ人の虐殺―ホロコーストの問題についてさえ、相対主義をもち出せば、肉親や愛する人を虐殺されていまだ壮絶な記憶に苦しみ続ける人を前に、そのような歴史的事実があったと客観的に示すことはできないと述べることすら可能なのである[5]。このようにポストモダン歴史学は、その学問的な意義とは別の次元において、非常に繊細な問題として浮上する。

　次節ではもう少し身近な問題に引き寄せて考察を続けよう。すなわち、いま私たちが話題にしている歴史とは、いったい誰のための学問なのだろうか。

1-3：横たわる時間

　ポストモダンの歴史学がもたらしたのは、歴史は常に、その時代を生きる人々に開かれているという気づきであった。つまり、歴史は完成したものとして私たちの外部に存在するのではなく、私たち現代人に開かれ、ことあるごとにその再解釈が求められているということである。

　とはいえ、日々の勉強や仕事に忙しく追われる私たちにとって、歴史というものに積極的に触れる機会は限られている。素材となる情報を提供する文書館が身近にあるわけではない。そんな私たちが過ぎ去ってしまった過去を学ぶ必要があるのだろうか？　ここで、本節の冒頭で述べた私たちが歴史に対してもっている一つ目の前提、すなわち歴史が私たちとは離れて存在するという前提部分について考察してみよう。

　歴史と私たちの距離について、民俗学者である柳田国男（1875-1962）が示唆的な言葉を残している。柳田は、宮崎県北西部にある椎葉村でのインタビューと

文書類をもとに構成した『後狩詞記(のちのかりことばのき)』序文において、明治の時代になっても椎野村に残る中世（12世紀後半～16世紀後半）の風習について記したあと、次のように述べる。

> 山に居れば斯くまでも今に遠いものであらうか。思ふに古今は直立する一の棒では無くて、山地に向けて之を横に寝かしたやうなのが我国のさまである（柳田国男：8）。

私たちにとって歴史とは、私たちが立つ地表（現在）を垂直に掘り進んだ、遠い地中にあるのではなく、すぐそこに、剥き出しのままの過去が現在とともにひっそりと横たわる形で存在している。過去とは、図書館や資料館に所蔵されている文献や資料のなかから掘り出してくるものではなく、私たちの身のまわりに、すぐ近くに存在している。そう表現しているのである。後に民俗学者として次々と成果を発表する柳田の方法的な宣言ともいえる一文であるが、過去と現在の関係を表現する普遍的な真実でもあると受け止められる。歴史は過ぎ去ったものとして文書館のなかに求めるものではなく、日々の暮らしを送る私たちのすぐそばに息づいているのである。

たとえば、人口が増えて生活道路を往来する自動車が増えると、新しい道路整備計画が立てられ、道路ができて交通量が増えて便利になったとしよう。今では新しい道路沿いにコンビニやガソリンスタンド、回転寿司チェーン、ファミリーレストラン、そして郊外型のスーパーや衣料品店が軒を並べているだろう。そこには古きよき昭和時代（1925-1989）の面影はなくなってしまったかもしれない。

かつての様子を知るには、図書館や役所で昔の道路図を探したり、かつての光景を撮影した写真資料をあたるしかないのだろうか。意外にも、かつての道路の姿はすぐ近くに残っている。国道や都道府県道を整備する大規模な計画では、道路を拡幅する方法をとらず、それまでの道路と並行する形でバイパスを通すことが多い。新しく通されたバイパスは本道（新道）となり、それまで利用されていた道路区間は、旧道と呼ばれる。旧道の混雑は新道へと流れ、いつし

かそれが新道であることすら忘れ去られ、そこに前述の大規模なお店が並び始める。

しかし忘れられた旧道沿いには、そこが主要な道路であった時代にできた、かつての生活の面影が残されている。新道にはない人形屋や煎餅屋、蕎麦屋、和菓子屋、金物屋（かつては農地であったので鍬や鋤などを扱っていたのだろう）があるか、あるいは閉店してはいるが看板や店の構えだけが残っていたりする。行政の中心地である役場や、経済活動の重要な拠点であった商工会議所の建物がまだ旧道沿いにあることが多い。そういえば主要な神社があるのも旧道である。

過去の生活には不可欠であった要素が、今も、あるいは遺物として旧道には残っていることが多いのである。普段新道を利用しているとしたら、少し脇道に入って、旧道を探してみよう。そこに過去がしっかり息づいていることがわかる。

柳田がいうように、私たちは、今と並存する過去とともに日常の生活を送っているのである。

❷ メディアのなかの歴史

2-1：おしゃべりな過去

前節では、過去が私たちの身近に横たわっていること、つまり、過去と私たちとの距離について考えてきた。では、過去は単に私たちのそばに存在するだけなのであろうか。過去は、私たちの身近で、無言で佇んでいるのだろうか。

前節の例だと、たとえば忘れ去られたミルクホールの古ぼけた看板は、誰かが関心をもって眺めない限り、忘れ去られた存在である。しかし過去は時にやかましく私たちに語りかけていて、あるいはあまりにやかましいために、私たちはやかましく語りかけられていることすら忘れていることもある。

たとえば、どこの町にもある、記念碑や博物館がその例である。身近なところでは、農地を住宅地として開発するための区画整理を進めた人々の苦労を顕彰する記念碑をあちらこちらで見つけることができる。過去の天皇が訪れて休

憩をとった場所に、その旨を記す記念碑があることもある。また地域の歴史民俗博物館では、その地域がどのように成立してきたか、周辺の地域とどのような関係をとり結んできたか、戦争など悲惨な時代をどのように経験してきたか、多くの遺物が私たちに語りかけてくる。土器や文書、文化財など、学芸員の視点を通して館内に展示された過去の遺物たちが、過去を語るメディアとなって機能しているのである。

　ここでは建物であれ、記念碑であれ、過去を語るものについてはすべてメディアと表現しよう。メディアとは通常、人から人へ情報を媒介するものを指す。日常生活では手紙や書物、電話やテレビ、新聞などの意味で使うことが多いし、記憶メディアと呼ばれる USB メモリは、情報を媒介するメディアである。その意味で、記念碑や博物館は、過去の情報やメッセージを現在に伝えるメディアなのである。

　前述の旧道の近くには、明治以降の日本の躍進の象徴でもあった日清戦争や日露戦争での勝利に貢献した兵士を顕彰する石碑も存在する。戦前の日本では戦争で死ぬと英霊と呼ばれ、靖国神社に祀られることとなっていた。これはそもそも幕末期の倒幕運動に参加して亡くなった新政府軍の兵士を、「国事殉難者」として地域の招魂社に祀ったことに由来する。やがて 1879（明治 12）年に東京招魂社が靖国神社と改称されるようになると、忠魂や忠霊として祀られていた殉難者は、英霊として集約的に祀られるようになったが、亡くなった兵士の郷土には、招魂社（後の護国神社）が建てられ、招魂碑がさかんに建てられた。いうまでもなくこれら招魂碑や招魂社、そして靖国神社は、国家のために命を犠牲にしたものを顕彰するために設立されたものである（村上 1974）。これらの招魂碑の多くは、故人の武勇を雄弁に語るものである。

　もちろん、このような石碑は、日本のみならず世界中に存在する。そして、これらの記念碑を、歴史学の研究の対象として位置づけたのは、フランスの歴史学者であったピエール・ノラのグループである。ノラの研究プロジェクトは「記憶の場」プロジェクトと呼ばれ、1984 年から約 10 年の歳月と 120 人の歴史家が参加した一大歴史研究プロジェクトであった。このプロジェクトのなかで、

ノラは、記憶というキーワードを用いながら、記念碑やスポーツイベントなどを通してフランスの国家や国民がどのように形成されてきたかについて明らかにしようとしたのである (Nora 1984-1992＝2002-2003)。

　自明とされがちな国家や国民がどのように成立してきたのか、20世紀初頭の記念碑やスポーツイベントを素材に、可能なかぎり具体的に分析することで、明らかにする手法を、ノラは「歴史の解剖学」と呼んだ。当たり前のように受けとめれている伝統的な価値観や慣習といった集合表象が、実は作られたものであり、それがどのように形成され、人々に受容されてきたのかについて、まるでその歴史を解剖するかのように詳細に分析したのである[6]。

　このようなノラによる「記憶の場」プロジェクトは、過去について考える際、それまでは大学の図書館や資料館に収められている文字資料、あるいはインタビューなどで得られた言葉のみを参照していたのを、記念碑や建物といった造形物にまで考察を広げたことに意義がある。そうしたおしゃべりな記念碑などを配置することによって、私たちがそのなかに身を置く国民的な統合が、作られ、維持されている姿を明らかにしようとしたのである。

　こうした試みを通し、逆に、国民的な統合がなかった場合のフランスの姿を、また日本の姿を考えることも可能になる。靖国神社や地方の護国神社がなかったら、あるいは「お国のために」死んでいった兵士を顕彰する記念碑がなかったら、日本はバラバラになってしまっていただろうか。死んでいくのは日本のためではなく、アジアのためにと考えた人はいなかったのだろうか。神社や記念碑という形ではなく、別の形を考えた人はいなかったのだろうか。そのような問題意識をもって過去をふり返り、詳びらかにしていくと、実は、私たちが思いつく多くのものを、かつての日本人も考えていたりすることがわかる[7]。

2-2：封印された過去

　もっとも、前節の記念碑の話をめぐり、日本の特殊事情にもふれておく必要があるだろう。饒舌な記念碑について書いたが、日本に関しては、少なくともアジア太平洋戦争で日本が降伏する昭和20 (1945) 年までの話である。私たち

の身近に残された忠魂碑の多くは、今ではひっそりと佇むのみである。

日本は1945（昭和45）年にアメリカを中心とする連合国軍に降伏し、その後平和国家として生まれ変わったためその過程で戦前の軍国主義を連想させるものは、否定されるようになった。帝国日本を称揚する石碑などは、破壊するよう、当時の内務省からは指示が出され、それまで国内に存在した数多くの記念碑がとり壊されたり、移築されたりした。なかには破壊されずに現在までひっそりと生き延びている記念碑もあるが、その碑がどのようなものなのか、誰の功績について、何と記されているのかを説明するようなパネルが付されることは現在ではない。もちろん、その気になれば記念碑に近づいて、難しい漢文体で書かれた文章を少しでも読めば、だいたい何が書かれているかはわかるはずである。しかし、立ち止まって読もうとする人はほとんどいない。記念碑は、誰にも気づかれることもないまま、囁き続けているのである[8]。

図7-1　東京都町田市三輪にある「二勇碑」
（日清戦争時にこの地から出征し戦死した2名を顕彰している。著者撮影（2011年1月8日））

このため、現在、日清戦争や日露戦争に参加して戦死してしまった兵士の存在は、地元の人々にはほとんど知られていないことが多い。それはアメリカ合衆国などで、地方の町でも人目につく場所に第一次世界大戦で亡くなった地域出身の兵士を称揚する記念碑があるのとは対照的である。このような戦争の記憶の断絶によって引き起こされる記憶の断絶（1945年以前とそれ以降）は、地域共同体が長い歴史のなかで蓄積した経験と知恵について、過去への誇りや反省の念を抱く機会も含め、失わせてしまっているといえる。

私たちの家の近所にも、同じように聞く人もいないのに語り続ける記念碑が

あるのではないだろうか。近所の神社を訪ねてみると、多かれ少なかれそうした記念碑を発見することができる。

2-3：氾濫する過去

前節まではメディアとしての記念碑や博物館の重要性について述べてきた。

古代ギリシアのヘロドトスやトゥキュディデスにはじまる大家や、大学の研究者が著した歴史書、さらには歴史書をもとに作成された書物や学校の教科書だけが過去を語るものなのではない。記念碑や博物館なども、過去を語るものとして私たちの意識に影響を与えている。

もちろん、近年ではそれだけにとどまらない。とりわけ情報処理技術の爆発的な進化は、多種多様なメディアの形態を生み出し、また何よりも手軽な情報の流通を実現するインターネットを生み出した。インターネットでの情報配信技術の向上がもたらしたものとして、デジタル・アーカイブがある。アーカイブとは、古文書や公文書の保存庫のことをいうが、デジタル・アーカイブとは文字通り、インターネット上の書類の保存庫をイメージするとわかりやすい。所蔵されているのは、印刷物や写真、文化財の写真などが多いが、もちろん音楽や動画などもデジタル・アーカイブの対象として充実していくはずである。現在、博物館や美術館、そして多くの資料を所蔵する大学などはこぞって所蔵資料の公開を進めている。

また新聞社は、明治時代から発行してきた膨大な量の新聞記事の公開を進めている。かつてはわざわざ資料館に出かけ、資料を収集し、整理し、記事を執筆していたものが、自宅にいながら情報収集が可能となったのである。

このように、ある意味で現在は、歴史情報の流通が極度に肥大化した時代であるともいえよう。身のまわりにある記念碑や史跡、博物館、さらにはテレビ番組や映画、マンガ、アニメーション、デジタルゲーム（テレビゲーム）までもが、私たちに語りかけ、私たちの過去への関心を喚起する。喚起された私たちはまた、ブログやツイッターで発言をくり返す。氾濫する過去の声は、私たちの暮らしのなかでこだまするように流通し続けているのである。

3 コミュニケーションとしての歴史

3-1：商品としての歴史情報

ここまで、私たちが日常生活のなかで意識する／しないにかかわらず、私たちは日々の暮らしのなかでなんらかの過去からのメッセージを目にしたり、耳にしたりし、あるいはメッセージから遮断されることで、影響を受けていることをみてきた。だがここで注意しなければならないことがある。私たちの周囲を飛び交うメッセージのなかには、過去の事実の吟味を欠いた、単なる複製情報が多く含まれていることである。残念ながら、私たちが日常接する情報の多くは、なんらかの政治的な意図に基づいて発信されていたり、単に人目を引くために（そして商業的な利益をより多く獲得するために）、必要以上にセンセーショナルに表現されていたりする。マスメディアが発信する情報ですら、センセーショナルな記事を作成するための、断片的なつぶやきの切り貼りであったりする。

情報を生産しないで、単に右から左へと受け渡すような、言ってみれば、できあいの情報をやりとりするだけの「情報流通屋」が多いのである。大手の新聞社やテレビ局なども、配信する情報の多くを、一般企業のプレスリリースや官公庁の公式発表に頼っている場合が多い。発表される情報にきちんと向きあい、裏をとり、他の情報と突きあわせるという、基本的な手続きを欠いたまま、そのまま情報が垂れ流されていくのである。

ここでは、情報は人間が体験を通して作製した製品ではなく、流通する商品としての性格しか有していない。マスメディア上で展開される歴史的な論争においても、ともすればごく個人的な思い（歴史観）を表現したいがために、都合のよい歴史的事実を、便利なパーツとして倉庫（二次文献）から引っ張り出し、組みあわせて提供しているにすぎないものが多い。

3-2：歴史を描くこと

もちろん、第1節にみた映画『羅生門』にあったように、ひとつの出来事に対し、複数のストーリーが語られ得るとしたら、前述のような無責任な歴史叙

述を批判することはできない。まさに現代社会は、映画『羅生門』で杣売りがつぶやいた「さっぱりわからねえ」という混乱状態そのものなのかもしれない。このことは、前節でふれた歴史の相対主義とホロコーストの問題にも関係してくる。客観的な歴史が存在するという前提が崩れたいま、ホロコーストはなかったとする修正主義の言説と、マスメディアに流通する軽薄な情報は、どのような視点から批判することが可能になるのだろうか。

　ここでひとつ確認しておきたいのは、過去を描く上で重要なのは、歴史の正解を学ぶことではなく、歴史的出来事、あるいはそれに関係する人物に、謙虚に向きあおうとする姿勢だということである。それは生身の身体をもった私が向きあう具体的な物であり、場所であり、人である。描かれた歴史は、その結果として生まれてくるものに過ぎない。

　テッサ・モーリス=スズキは、ポストモダン歴史学の登場によって引き起こされた数々の論争に対して、「歴史への真摯さ」というキーワードを提示した。スズキは、過去の姿を完全にとらえることはできないことを認めたうえで、「過去についての特定の表現がどこまで"真実"か（中略）を議論するより、歴史的な真実よりは、人々が過去の意味を創造するプロセスの"真摯さ"を検討評価するほうが有益ではないだろうか」（スズキ 2004：34）と述べる。ここでの真摯さとは、歴史的な出来事を記録し、表現する人、そしてその記録や表現を受け止める人々の関係について、理解しようと努める姿勢のことである。

　歴史を描くとは、たとえば戦争中のある出来事における死者の数字を根拠に、その出来事についてなんらかの解釈を下すことではない。数字が示すものを詳しく理解しようとして、さまざまな可能性を考え、またその現場に出かけ、一緒に考えてくれる人に会い、また考える……、こうした一連のプロセスのくり返しそのものが歴史を描くという作業を構成するのである。

　ホロコーストの実態はどうであったのか、大日本帝国は中国大陸や朝鮮半島でどのようなことをしたのか。客観的に真実を指し示すことはできなくても、なんらかの形でその過去に関わる人々と、どのようにその過去に向きあおうとするのか。このような対話の姿勢こそが、歴史について考える時に重要な要素

であるはずである。

3-3：尽きることを知らぬ対話

イギリスの外交官であり国際政治史の研究者でもある E. H. カー（Carr, E.H.）は、その名著『歴史とは何か』のなかで、歴史とは「歴史家と事実とのあいだの相互作用の不断の過程であり、現在と過去との尽きることを知らぬ対話」であると表現した。カーによると、歴史は、現在の関心に従って常に書き換えられるような、生きたものなのである（カー：40）。カーは、その歴史を時代の関心から常に書き換えていくことこそが重要であると主張したのである。

本章でのこれまでの議論を踏まえるならば、過去との対話といっても、すでに過ぎ去ってしまった過去と対話をするという意味ではない。柳田もいうように、過去は現在に寄り添う形で今も私たちのまわりに存在するわけであるから、あたかも隣人と対話を行うように、過去と向きあうのである。歴史とは、現在における終わることのない対話＝コミュニケーションである。

ここでもう一度、冒頭の問いに戻ろう。なぜ学校で歴史を学ぶのだろうか。歴史を学ぶことで、何かよいことがあるのだろうか。ここまでの議論をふり返ると、答えは次のようになる。つまり、歴史とは、それを学ぶことで、何かよい結果を得ようとするものではない（もちろんなんらかの成果は出るだろうけれど）。そうではなく、過去という共通のキーワードを通して、今という時間を共有する仲間と真摯に向きあうこと。そうして仲間と一緒に新しい未来を作っていくこと。そう、歴史とは学ぶものではなく、仲間たちとともに過去と未来を見据えながら、尽きることのない対話を続けること、その実践そのものなのである。

さらにいうと、この実践を通して、仲間たちと過去を新しく作り変えていくプロセスを共有すること、これが歴史と関わる醍醐味だといえるだろう。ここでいう仲間たちとは、授業で横に座る友人かもしれないし、バイト先の人であるかもしれない。または、キャンパスや町、そして旅先で出会う外国人であるかもしれない。背伸びをする必要はまったくない。とりあえず目の前の人とのコミュニケーションを通して、過去を共創していく過程を楽しんでみよう。結

論は出ない。というのもこの過程は、尽きることのない対話なのだから。

(山本　拓司)

【注】

(1) 同様の問題を論じた近年の興味深い研究に、私たちが8月15日という日付に結びつけている終戦記念日についてのものがある。佐藤卓巳・孫安石 (2007) を参照のこと。
(2) 芥川龍之介 (1892-1927) の『羅生門』と『藪の中』を題材に、黒澤明が脚本を執筆した。
(3) 作品自体がヴェネツィア国際映画祭でグランプリ受賞 (1951年) したこともあり、「羅生門効果 (Rashomon Effect)」は日本だけでなく、世界的にも認知された用語となっている
(4) 同様の問題は、日本において自由主義史観の登場という形で現れた。
(5) ホロコーストと歴史家の態度の問題については、ハーバーマス他『過ぎ去ろうとしない過去』(Habermas 1987＝1995) を参照。
(6) ノラの「記憶の場」プロジェクトの成果は、198　年から1992年にかけて　巻の論文集として発表されている。邦訳はノラ (2002, 2002, 2003) で読むことができる。
(7) ここでは戦前期において、日本のアジアでの連帯を主張したアジア主義の存在を指摘しておこう。たとえば、中島岳志『中村屋のボース』(中島2005) が参考になる。
(8) このような記念碑の運命については、木下 (2002：68-84) を参照。

【参考文献】

Carr, Edward Hallett, 1961, *What is History?*: *the George Macaulay Trevelyan Lectures Delivered in the University of Cambridge January-March 1961*, Macmillan.（＝1962, 清水幾多郎訳『歴史とは何か』, 岩波書店.）

Friedländer, S., 1990, *Probing the Limits of Representation*: *Nazism and the "Final Solution,"* Harvard Uniersity Press.（＝上村忠男他訳, 1994,『アウシュヴィッツと表象の限界』未来社.）

Habermas, Jürgen, 1987, *Historikerstreit*: *die Dokumentation der Kontroverse um die Einzigartigkeit der nationalsozialistischen Judenvernichtung,* piper.（＝1995, 徳永恂他訳『過ぎ去ろうとしない過去：ナチズムとドイツ歴史家論争』筑摩書房.）

木下直之, 2002,『世の途中から隠されていること──近代日本の記憶』晶文社.
村上重義, 1974,『慰霊と招魂』岩波書店.
中島岳志, 2005,『中村屋のボース：インド独立運動と近代日本のアジア主義』白水社.

Nora, Pierre ed., 1984-1992, *Les Lieux de Mémoire*, Éditions Gallimard (= 2002-2003, 谷川稔監訳『記憶の場：フランス国民意識の文化＝社会史 (1) (2) (3)』岩波書店, 部分訳.)
佐藤卓己・孫安石, 2007, 『東アジアの終戦記念日』筑摩書房.
スズキ, テッサ・モーリス, 2004, 『過去は死なない』岩波書店.
柳田国男, 1909, 「後狩詞記」(1970, 『定本柳田国男集　第 27 巻』筑摩書房).
White, Hayden, 1973, *Metahistory：the Historical Imagination in Nineteenth-century Europe*, Johns Hopkins University Press.

8 ネット空間の
なかの私たち

0 はじめに

　インターネットの商用利用が始まった1993年から本章執筆時点で17年が経過している。その間、電子ネットワークを通じたコミュニケーションは、私たちの生活のなかで欠かせないものであるばかりか、このメディアに依存した形で私たちの社会そのものが構成されているといっても過言ではない状況に至っている。本章では、こうした電子ネットワーク上のコミュニケーションを、とくに、自分という存在がこの空間のなかでどのように描き出されているかという点を中心に考えていきたいと思う。

1 電子ネットワークにおけるコミュニケーションとは

1-1：電子ネットワークに人はどう入り込むのか

　電子ネットワークと人とのかかわりはいつ始まったのであろうか。インターネットの歴史は、そもそもが軍事技術として始まり、その後研究者の研究対象の一環という位置づけで拡がっていったため[1]、「いつ電子コミュニケーションが初めて行われたか」といった性質の情報は広く流布していない。電子メールサービスは、1960年代には実現しており、大型コンピュータのOSに電子メッセージングのしくみが実装されていたという話もあるが、これはあくまで研究者間に閉じた世界の話である。そうした意味で、不特定多数の人が、確実に電子ネットワークによるコミュニケーションのチャンスを得たといえるのは、CompuServeのようないわゆるパソコン通信サービスが商用利用を開始した1980年前後のことである。これが、電子ネットワークと人とのかかわりが始ま

った最初の時期と考えられる[2]。

　電子メールという言葉からもわかるように、あくまでも電子メールは、手紙をメタファとしたサービスであった。そこには、電子ネットワーク上で自分をどう表現するかという意図があるというよりは、あくまでも身近にある自分たちが便利に使ってきたコミュニケーションツールを、電子ネットワークを活用することによってさらに便利にできるか、という視点が存在していたといえる。電子掲示板サービスも同様で、あくまでも不特定多数の人々に情報を公開するための「街の掲示板」的存在を電子ネットワーク上に載せ、利便性を拡大するという考え方が前提になっている。あくまでも、現実社会のコミュニケーションサービスが手本であり、それを電子ネットワーク上で再現するという考え方である。

　こうした考え方は決して電子ネットワークに特有な考え方ではない。現代に続くパーソナルコンピュータの利用環境が人の机上の環境を再現したもの、いゆわるデスクトップメタファであることは、広く知られている。1984年のApple Macintoshの発表とともに一般ユーザーにも広く認知されたデスクトップメタファによるパーソナルコンピュータの操作環境であるが、起源をたどれば、ゼロックスパロアルト研究所においてアラン・ケイが提言したDynaBookコンセプトの試作システムであるAltoにその考え方の大もとをたどることができる。人々はコンピュータや電子ネットワークの世界に革新を求めたのではなく、既存の人間の作業環境、コミュニケーション環境の再現を求めたのである。

　しかしながら、1980年前後のコンピュータのもつ処理能力、また、一般のユーザーが利用することが可能であった電話回線を利用したネットワーク環境においては、現実を完全にコピーした環境を構築するのは困難なことであった。アラン・ケイは、子どもでも自由に扱えるパーソナルコンピュータ環境であるDynaBookのコンセプトを、スレート状のコンピュータという形でイラストに表した。しかし、現実にそのDynaBookコンセプトをデモンストレートするAltoは大型の筐体と重いディスプレイを兼ね備えた、オフィスコンピュータの

1　電子ネットワークにおけるコミュニケーションとは　　117

スタイルしかとりえなかったのである。

　それゆえ、初期の電子コミュニケーション環境は、豊かな画像、音声、映像といった要素を排除せざるをえなかった。手紙における手書き文字の味わい、添えられた絵や写真、複雑な表組みや図といった要素は、電子メールにおいては一切失われ、「テキスト」という一つの手段に集約されることになる。本が大量生産のために写本から活字へと移行していったのと同じように、処理と通信の効率化のために、電子メールはテキストに特化していくのである。

　同様のことは電子掲示板にもあてはまる。不特定多数の人への情報の掲示も、もっぱらテキストによって行われる。電子ネットワークでのコミュニケーション＝テキストという構図は、貧弱な情報処理環境という技術的制約から生まれてきたのである。その結果、人は電子ネットワークに入り込む時に、テキストという限定されたツールのみに頼ることになったといえる[3]。

1-2：席巻するテキストコミュニケーション

　初期の情報ネットワークにおいて、テキストによるコミュニケーションを行うことは、文字を使ってコミュニケーションをすることと等価ではなかった。テキストコミュニケーションは、テキストデータのやりとりを行うことであって、文字そのものを送りあうことではない。それぞれの文字に割りあてられたコードを送り、そのコードを相手が情報端末をもってデコードし、読みうる形に変換してはじめてコミュニケーションが存在する。伝えられた先でどのような形で文字が表示されるか、そうした自由度は存在していない。存在するのはあくまでも文脈であり、逆にいえば文脈によってのみ表現の自由度が担保されているといってよい。自分の伝えたい内容を、わかりやすい形で文章化し、文脈のなかでニュアンスを伝え、相手に誤解のないような表現をとる。電子ネットワーク上のコミュニケーションは、こうしたある意味ハードルの高い形でスタートしたのである。

　しかし、このハードルの高いコミュニケーションは、パーソナルコンピュータの発達、パソコン通信をはじめとする電子コミュニケーション環境の充実と

ともに急速に発展を遂げる。日本においては 1985 年にアスキーネット、1986 年に PC-VAN、1987 年にニフティーサーブといった、その後数百万人単位でユーザーを獲得するパソコン通信サービスが次々にスタートし、多くの人々が電子メールや電子掲示板といったテキストベースのコミュニケーションに参画することになる。1993 年にはインターネットの商用利用が開始、95 年には、TCP/IP 接続を標準でサポートした Windows95 の発売もあり、インターネットユーザーの爆発的な増大を招くことになる。インターネットユーザー増加の原動力となったのは www による画像、音声、映像を含んだマルチメディアサービスであるが、一方で、テキストベースによる電子メールや電子掲示板サービスも依然として大きなニーズをもつサービスであった[4]。1997 年には日本におけるインターネット利用人口は 1000 万人を突破（総務省 2000）。その結果、人口の約 1 割がテキストコミュニケーションを行う環境を手にしたことになる。そして、1999 年の NTT ドコモによる iMode サービスの開始により、携帯電話を活用したインターネット接続サービスが実現し、2003 年には携帯インターネット契約数は 6000 万人を突破（社会法人電気通信事業者協会 Web サイト）。人口の半数がモバイルによるテキストコミュニケーション環境を手にすることとなった。

　このように、必ずしも表現方法として優れたものではなかった電子メール等のテキストコミュニケーションは、情報技術の急速な発展と普及により、社会において不可欠な存在、ある意味社会インフラとして機能するレベルにまで成長していったのである。

2　匿名性をめぐる諸問題

2-1：テキストメッセージと名乗り

　このように急速に普及し発展してきたテキストコミュニケーションであるが、それがどのような形態で行われるかによって、そのもつ意味は大きく異なってくる。

　電子メールサービスの場合、このテキストコミュニケーションは原則 1 対 1

で行われる。基本的には相手が誰であるか、ということを確認した上で行われるコミュニケーションであり、場合によっては、電子メールを行う相手と現実社会において面識がある場合も多い。つまり、電子メールサービスにおいては、コミュニケーションの相手に自分が何者であるかをことさら強調して伝える必要はない[5]。

しかしながら、不特定多数の人を対象の情報を掲示する電子掲示板においては、この自分が何者であるかを伝えるという行為に大きな意味が出てくる。

電子掲示板サービスは、原則、不特定多数の人々、つまりは自分を知らない誰かに対してメッセージを送るサービスである。自分は相手を知らないし、相手も自分を知らない。いわば、街中の雑踏で、自分の伝えたい内容を突然話し始めるような状況を、電子ネットワーク上に構築しているわけである。

当然のことながら、情報を受けとる側は、誰がその情報を発信しているかを重視する。電子メールと違い、発信者が誰かわからない単なるテキストメッセージだけでは、その内容をどのように受け止めるべきか、迷いが生じるのもやむをえないことであろう。それゆえ、電子掲示板でのテキストメッセージには、誰がそのメッセージを発したかを示す、名乗り、が付加されることになる。

2-2：名乗りのパターン

名乗りのパターンはさまざまである。初期のパソコン通信等の電子掲示板では、ID情報[6]のみが付加されているようなパターンも多かった。電子掲示板よりもさらに、不特定な個人間でのコミュニケーション性を重視した電子会議室のようなパターンでは、こうしたID情報にハンドルネームやニックネームといった情報が付加され、より親しみやすいコミュニケーションを志向するものも出てきた。そ

表8-1　ネットワーク上での「名乗り」の6類型

(1) 裏づけのある実名
(2) ニックネームだが、裏づけのある実名をシステムで把握
(3) 裏づけのない実名
(4) ニックネームだが、裏づけのない実名をシステムで把握
(5) 完全なニックネーム
(6) 名乗らない

の後、日本の電子掲示板コミュニケーションの主流は2ちゃんねるのような匿名性掲示板、あるいは mixi のようなソーシャルネットワークサービス、Twitter のようなリアルタイム性の高いものへと多様化していくが、それらの名乗りのパターンについて、粉川はこのようにまとめている（表8-1）。

まず、(1) 裏づけのある実名、であるが、これは非常にレアなケースにしか存在していない。電子ネットワーク上で、裏づけのある名前を特定するという行為には、大きなハードルが存在するからである。パソコン通信サービスの時代には、パソコン通信接続サービスを提供する主体と、パソコン通信上のさまざまなサービス（電子掲示板や電子会議室）を提供する主体が共通しており、この場合、接続サービスを提供するにあたって課金のために銀行口座情報やクレジットカード情報を取得していれば、その情報をコミュニケーションのためのサービスにも利用することで、裏づけのある実名を電子掲示板等のテキストメッセージに付加することは比較的容易に行うことができた。実際、(1) 裏づけのある実名が、実現されていたのは、ニフティーサーブのようなパソコン通信サービスにおける実名制限をつけた電子掲示板や電子会議室サービスであった。しかしながら、インターネットの時代に入り、インターネット接続サービスと、インターネット上のさまざまなコミュニケーションサービスの提供主体は原則として一致することはなくなった。それゆえ、たとえばSNSや電子掲示板サービスを提供する際に、裏づけのある実名を把握しようとしても、独自に裏づけを得るための取り組みが必要となり、サービス提供主体にとって大きな負荷のかかる作業となってしまった。それゆえ、一部の婚姻仲介サービス等を例外に、裏づけのある実名を前提とした電子ネットワーク上のコミュニケーションサービスはすたれてしまったといわざるをえない[7]。

(2) のニックネームだが、裏づけのある実名をシステムが把握、というパターンも同様にパソコン通信時代に特有のサービス形態となってしまった。実は、パソコン通信全盛期、つまりは1980年代後半から1995年頃までは、電子ネットワーク上のコミュニケーションはこの (2) のパターンを中心に発展していた。原則はニックネーム、つまりは現実社会の自分とは違う「名乗り」を行う

ものの、現実の自分との接点はシステム側がきちんと把握しており、現実の自分とネット上の自分の非連続性を確実には作り出せない、という形態である。その後のインターネット上のサービスでは、この形態は前述した理由によりあまりみられるものではない。

　(3) 裏づけのない実名、というパターンもあまり多くはみられないパターンのひとつである。そもそも、ネットコミュニケーションにおいて実名を前提にコミュニケーションを行うことは、著名人等の例外を除いてあまり一般的ではなかった[8]。しかし、一部の行政系の掲示板等、行政への意見募集や、地域課題について議論を行うような場を志向して作られた電子コミュニケーションの場においては、この裏づけのない実名を名乗る、というパターンは少ないながら存在する[9]。もちろん、この場合、そこで名乗られている名前が実名であるか否かは、誰も検証することはできない。せいぜい、実際に存在する名前として普遍的であるか否かが判断基準になるくらいである。そうした意味では、一見、現実の自分とネット上の自分が明確に一体化しているようにみえて、実際にはその真偽は不明確というある意味もっとも中途半端な名乗りであるともいえる。

　(4) ニックネームだが、裏づけのない実名をシステムが把握、というパターンは、インターネット上のコミュニケーションサービスでもっとも普及している形態の一つである。日本においてもっともユーザー数の多いソーシャルネットワークサービスの一つであるmixiでは、登録を行う際に、実名を入力することを推奨していた。これは、SNSというサービスの性質上、現実社会での人間関係を電子ネットワーク上に持ち込むことが好ましいとされていたためであり、現実社会の人間関係のメタファという位置づけのあるSNSであればごく当然のこととでもいえるであろう。このパターンは、そうしたコミュニケーションサービスそのものが実名登録を求めている場である、というある種の安心感を与えると同時に、実際に登録を行おうというユーザー側からしてみると、必ずしも実名登録を強要されない（実際に実名かどうかを確認されるわけではない、という意味で実名登録について選択制である）という点で、広く受け入れられたことが普及の要因といえるだろう。現実の自分とネット上の自分の連続性は保ちながら、

同一ではない、という微妙な距離感が実現するパターンである。

（5）完全なニックネーム、というパターンは、比較的管理を行わない電子掲示板サービス等で多くみられるスタイルである。メッセージは書き込むことができて公開できる。その際に自分にニックネームを入れる。ただそれだけである。この状況では、システム側も、あるいはユーザー側も現実の自分とネット上の自分の連続性について関心を払わない。こうした考え方では文脈のみが表現方法であるテキストコミュニケーションという考え方と親和性の高い名乗りといえるかもしれない。

この考え方を突き詰めると（6）名乗らない、という考え方が発生する。実際問題、名乗らない、という電子コミュニケーションのあり方はパソコン通信時代にはあまり考えられないパターンであり、インターネット上でも忌避されるスタイルであった。このスタイルが定着したのは1990年代終わりの「あめぞう」に端を発する匿名性電子掲示板文化であり、その後2ちゃんねるというサービスによって日本の電子ネットワーク上に一つの大きな勢力としてプレゼンスを示すようになる。このスタイルでは、誰がメッセージを発しているかについてはまったく重要ではなく、テキストメッセージだけがネット上を漂う。ネット上に自分が存在しているわけではなく、テキストメッセージは現実の自分からダイレクトに発せられる。そうした意味では、ネット上の自分という存在がない分、ネット空間と現実の自分が非常に近い関係にあるという見方もできるかもしれない。

2-3：オンライン人格の継続性

名乗りの問題を考える時にもう一つ考慮しておく必要があるのは、その名乗りには継続性があるのか否か、という点である。たとえばユーザーがあるハンドルネームを使ってネット上になんらかのメッセージを投稿したとして、そのユーザーが次の投稿の際には別のハンドルネームを使ったとすれば、ネット上の第三者からは別のユーザーの投稿としてしか見ることはできない。逆に同じハンドルネームで投稿を続ければ、ネット上の第三者からも、その投稿の内容

表8-2 オンライン人格の継続性

(1) 同一人格であることをシステム側が担保する
(2) 同一人格であることを発言者がアピールする
(3) 同一人格であることを発言者もシステムも関知しない

を追い続けることによってその後ろに隠れている「誰か」について思いを巡らすことが可能になる。

こうしたネット上に形成される人格を仮にオンライン人格と呼ぶとすれば、オンライン人格の継続性というものは、どのように担保されるのであろうか。粉川はこれを3つのパターンに分類している（表8-2）。

(1) 同一人格であることをシステム側が担保する、形態をとるためには、アカウントやIDといった形でシステム側がユーザーを特定しておく必要がある。同一のアカウントやIDでアクセスがあり、投稿があればそれを登録されているハンドルネームなどを付加して表示する。つまりは、オンライン人格というものをアカウントやIDに載せた形で運用をしていくわけである。もちろん、実際にそのアカウントやIDを使う主体が誰であるかについては関知しない[10]。しかしながら、こうした環境であれば、現実の自分とは別のネット上の自分がアイデンティティを形成していくことをシステムが支援をしてくれるわけであり、そこに現実の自分との連続性を感じるかどうかはともかくとして、知らず知らずのうちにネット上に自分とは違う自分が誕生する可能性は高くなる。

しかしながら、(2) 同一人格であることを発言者がアピールする、というケースでは、ネット上に明らかに自分とは別のネット上の自分を形成するという意識がなければ、そうしたコミュニケーションを継続することは難しい。当然のことながらそうしたことを自分から進んで行う、ということは、そのコミュニケーションの場が必ずしもそうした人格の同一性にシステム側が配慮してくれていない場であるということであり、結果としてそうした姿勢でのメッセージのやりとりは第三者的にみれば、過剰に自分という存在をアピールする形にみえる。むろん、それが有益な情報をコミュニケーションの場にもたらす主体であれば歓迎されるであろうが、そうではない場合、その人物はシステムの決めたコミュニケーションのスタイル、いわゆるアーキテクチャを逸脱してコミ

ュニケーションを行う違和感のある存在として位置づけられる可能性も否定はできない。

　(3) のケースは、もっぱら「名乗らない」という名乗りとセットで使われることが多いパターンであろう。2ちゃんねるに代表される匿名性電子掲示板がまさにこうした場であり、そこには「ネット上の自分」というものは存在しない[11]。存在するのはあくまで、テキストメッセージそのものであり、その内容、文脈だけがコミュニケーションを形成する。まさしく、自分の存在しない世界で、テキストメッセージというコンテンツだけがコミュニケーションを形成するのである。

③ 電子ネットワークと「私」

3-1：「私」を排除したネットワークである2ちゃんねる

　1980年代から始まったパソコン通信の世界では、システムがユーザーの実名を把握し、電子ネットワーク上においても、その実名と紐づけられたIDやハンドルネームは常にユーザーのコミュニケーションにつきまとい、結果としてネット上の私は常に現実の自分との連続性をもつことを強要されるような状況にあった。

　しかしながら、パソコン通信に代わりインターネットが電子ネットワークコミュニケーションの中心になった後、こうした状況に大きな変化が訪れる。それが匿名性電子掲示板の隆盛である。

　日本は諸外国に比べても早い段階でパーソナルコンピュータや電子ネットワークサービスが拡がりをみせていた。しかしながら、95年のWindows95発売を境にパソコン通信サービスが一気に衰退の段階に入り、この環境のなかでテキストメッセージによる高いレベルの電子コミュニケーションを実践していた集団が、その行き場を失うことになる。当時のインターネットの関心の中心はマルチメディアコンテンツによるWebサービスであり、今日ソーシャルメディアと呼ばれる、ユーザー同士のインタラクティブなコミュニケーションのも

たらすコンテンツの価値は、まだインターネット上で再認識されていなかった。とくに、インターネットが商用利用という側面をもち出してから一気に普及段階に入ったため、インターネットは企業や商品の宣伝を一方的に行うブロードキャスト型のサービスが中心となってしまっていたのである。

つまりはインターネット上に寡占的なコミュニケーションサービスが失われ、電子掲示板のようなサービスはアマチュアの手にゆだねられることになる。それまでパソコン通信を提供する企業により適切に（あるいは過剰に）管理運営されてきた電子コミュニケーションの場が、いわば先祖がえりのように、無秩序でカオスな場へとある種の退化をみせることとなった。

こうした1990年代後半に、アマチュアリズムのある種の結果として隆盛を極めたのが、あめぞう、そして2ちゃんねるである。IDやアカウント等の登録制をもたないサービス。ハンドルネームの強要をなくし、すべての人が「名無しさん」で発言できる環境の構築。そしてなにより、それまでのテキストメッセージサービスにおいて不可欠であった、メッセージタイトルの排除。ショートメッセージ型で気軽に参画することができるこの場は、誹謗中傷や過激なコンテンツを許容しながら爆発的に勢力を拡大することになる[12]。

こうした新しいコミュニケーションの場に対して、パソコン通信のような管理されたコミュニケーションの場の住人たちは必ずしも歓迎の意を表することはなかった。しかしながら、2ちゃんねる以上に多様な情報の集積する場をもちえなかった日本のインターネットにおいて、パソコン通信におけるパワーユーザー層を受け止める場はほかには存在することはなかった。初期の2ちゃんねるにNIFTY板というような場が作られ、ニフティーサーブで著名であったオンライン人格をもつユーザーの動向について議論が行われていた事実を考えれば、多くのパソコン通信のパワーユーザーが2ちゃんねるへとそのコミュニケーションの軸足を移していったことは想像に難くない。

しかしながらこの2ちゃんねるというコミュニケーションの場は、電子ネットワーク上の「私」ということを考える上では、かなり大きな意味をもつ場である。先にも述べたように、それまでの電子ネットワークでは、少なくともハンド

ルネームを名乗ることにより、ネット上でなんらかの「私」を示すことが基本的には強要されていた。しかし、2ちゃんねるは「私」を名乗ることを拒否し、あくまでもテキストメッセージの中身、つまりはコンテンツのみによってコミュニケーションを行うことが推奨される。しかも短文であることが美徳とされ[13]、結果としてこみいった論理性のある文章を排除することで、多くのユーザーにとって参画しやすい環境を設定することに成功する。ハンドルネームの排除は、常連メンバーの優越した投稿を阻止し[14]、初心者もパワーユーザーも同等に投稿できる環境を整えることになった。いってみればユーザーの差別化といった要素を除外し、「私」を主張するユーザーという概念そのものも捨て去り、数行のテキストさえ書くことができれば、すべてのコンテンツが平等に扱われ、その文脈や内容のみで評価を受ける非常に平等性の高い場を実現したのである。

　実際、2ちゃんねるに特有のネットスラングや、2ちゃんねる文化の現れであるアスキーアート等を観察すると、そうした「私」の徹底した排除の方向性が明確になってくる。

　たとえば、初期の頃からよく使われたフレーズの一つに「コテハンうぜぇ」というものがある。コテハンとは固定ハンドルネームの略で、2ちゃんねるにもシステム上は存在しているハンドルネームを継続して使い続ける行為のことであるが、こうした「自分」という存在をアピールして発言することに対して、端的に「うぜぇ」という表現で、2ちゃんねる文化に相容れないことが示されている。また、図8-1のアスキーアートは2005年前後によく観察されたものであるが、「自分」という存在を前提に独白のような内容が投稿される際に、その返信として書き込まれることが多いものである。このアスキーアートを文字通り読めば、自分について語ることはそれ自身が、2ちゃんねるというコミュニケーションの場に反する行為であり、そうした行為は除外されるべきだという思想を容易に見出すことができる[15]。

　そうした意味では、これまでの電子ネット上において2ちゃんねるほど、ある種「公共性」[16]をもつ場と表現したくなるような、協調性を重視したサービ

3　電子ネットワークと「私」　　127

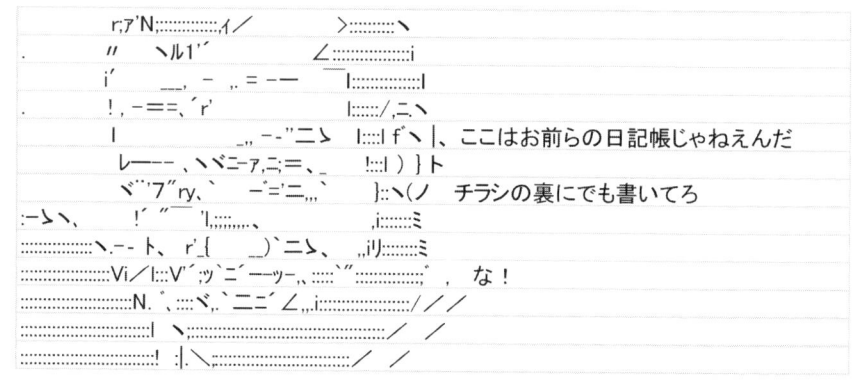

```
             r;ア'N;::::::::::_ノ／         ＞::::::::::＼
            〃    ＼ル1´      ∠＿＿＿＿i
         i´    __,_-_,,_--―   ｜::::::::::.:
         !,-==,´r`             ｜::::／,ニ＼
         |       _,,_--"二＼  l:::l fヽ｜、ここはお前らの日記帳じゃねえんだ
         レ---、ヽﾞ二―ｧ,ニ=、_  !:::|)}ﾄ
         ヾ"7"ry､` _-='ニ,,`  }:＼(ノ  チラシの裏にでも書いてろ
    ::-＼.    |'"”|,,,,,,,,,        ,i::::::ミ
    :::::::::::::＼,-ﾄ,r`_{__)`ニ＼、,,il)::::::ミ
    ::::::::::::::::Vi／l::V"ｯ`ﾞ=´―ｯ―,,,::::"::::::::::;   ,な!
    ::::::::::::::::::.N.`､,ﾞ,ﾞニ´∠,,i:::::::::／／／
    :::::::::::::::::::::::|.,:::::::::::::::::::::::::::::／
    :::::::::::::::::::::::::!.|.＼::::::::::::::::::::::／／
```

図8-1　チラシの裏アスキーアート

スは存在していなかったといってもよいかもしれない。徹底したネット上での「自分」という存在の排除。誰もがコンテンツのみでコミュニケーションを平等に行える場の実現。さらにいえば、それは現実の自分をコンテンツという手段を通じてダイレクトに電子ネットワークの場に映し出すことができる、そこにネット上の自分、という中途半端な存在を介在させないで済む、一種の理想郷を作り出していたということもできるかもしれない。

3-2：「自分」という存在の揺り戻し、そしてbot

しかしながら、日本の電子ネットワークの状況を見つめると、2004年頃から「自分」という存在への揺り戻しが明確に始まったということができる。一つには「自分語り」が許容され、さらにはそれが推奨されるブログの普及と発展。そして現実社会の人のつながりをネットワーク上に再現することで、「自分」の価値を再認識することができるSNSの普及。そして、特記すべきは、そうした「自分」の他愛のない考えや思いを電子ネットワーク上に無意味に蓄積することが許容されるTwitterのようなリアルタイムのミニブログの発展と発達である。

日本においてTwitterは諸外国と比べても爆発的に普及しているといわれて

いるが、それにはTwitterが140文字の文字制限があり、短いメッセージが推奨されてきた2ちゃんねるのようなコンテンツのあり方との親和性が高かったことも無関係とはいえないだろう。

しかも、フォロー数、フォロワー数という形で自分のネット上での交友関係の広さやあるいは他者にとって自分がいかに価値ある存在かということを単純明快に測定することができる点は、「私」を殺すことを前提に発展してきた1990年代後半以降の日本のネットコミュニケーションに違和感をもってきた人々にとっては、一種の逃げ場となった可能性がある[17]。とくに、パソコン通信時代、優秀な書き手としてネット上での自分という存在の価値を高めてきた人々にとっては、郷愁を感じさせる場といえるかもしれない。こうした点は、日本におけるTwitterユーザーの年齢層が40代以上に偏っていることと無関係ではないだろう（ネットレイティング社プレスリリース2008, 2009）。

そしてこの傾向は、botと呼ばれる存在によってさらに強化される。botは実際の人物ではなく、メッセージに対して自動応答、あるいは定期的にメッセージを送信する単なるプログラムであるが、特定の人の特徴をとらえたメッセージを切り貼りしながら投稿をくり返すことで、一種のネット上の人格として単体で成立しているように第三者的にはみることができる。

それはいわば、自分というものを永遠にネット上で主張し続ける装置であり、そこにはコンテンツの価値や、ましてネット空間という公共の場への貢献という視点は一切失われてしまっている。ただ単に、一つのネット人格を継続し続けるためだけに、そうした意味でとても「自分勝手」にネットワーク上でつぶやき続けるのである。

2ちゃんねるがコンテンツのみがコミュニケーションを形成する場であるとすれば、Twitterは、コンテンツを排除しながら自分という存在だけでコミュニケーションを形成しうる場なのである。

3-3：むすびに変えて

このような形で、日本の電子ネットワークにおけるさまざまなコミュニケー

ションサービスにおいて、どのような形で「自分」というものが現れてきていたか、ということを振り返ってみた。そこにはテキストメッセージによるコミュニケーションを深化させてきた日本ならではのラディカルな変動もみてとれたように思われる。

しかし、いずれのケースにせよ大きなポイントとなるのは、それらの変動が決してユーザー側からの思いによって作られているのではなく、提供されるネットワークサービスに規定される形で存在している点である。

パソコン通信時代は、あくまでも接続サービスとコミュニケーションサービスの提供者が同一であったことに端を発し、コミュニケーションの構造を規定した。一方で、アマチュアリズムのなかで脆弱な管理体制のもと単純化された形で生まれてきた匿名性電子掲示板によって、自分というものの存在しないネットコミュニケーションという新しい文化も生まれる。そして、大量のトラフィックをさばくことができる高速大容量のネットワーク環境は、人々がコンテンツの価値を考えることなく日常をつぶやき、自分を中心においたネットコミュニケーションのあり方を可能にした。

すべては、環境、いわゆるアーキテクチャの変動がこうした変革を生み出している。マクロでみれば世界的なネットワーク環境、ミクロでみれば、マンマシンインターフェースの変化によって、ネット上の「私」のあり方は揺れ動き続けているといえる。

今後も、電子ネットワーク上の私の問題は大きく変化し続けるであろう。その変化のあり方を見越しながら、私たちはこの新しい電子ネットワークという空間をデザインしていく必要があるのかもしれない。

(粉川　一郎)

【注】

(1) インターネットの前身は1969年に米国国防省のプロジェクトであるARPANetであるとされているが、このネットワークは基本的に研究目的のものであり、一般に公開されるものではなかった。

(2) CompuServeが一般にパソコン通信サービスの最初の形態であるとされており、一般

の市民がパーソナルコンピュータを用いたネットワークサービスを享受できる環境が整ったのは、CompuServe が最初であると考えてよいだろう。
(3) ジェイ・デイヴィット・ボルターは、そもそもコンピュータをコンピュータたらしめるプログラムそのものがテキストによる産物であり、プログラムはテキストを読みとり別のテキストを書くテキストでもある、としている。この考えを借りればそもそも電子ネットワークはテキストの流通経路であるといえる。
(4) 1995 年に起きた阪神淡路大震災における、災害救援のためのオンラインネットワークの動きの代表的なものに、NIFTY-Serve の震災ボランティアフォーラムと INTER-VNET があげられる。パソコン通信がまだまだ大きなオンラインサービスであったことが理解できる。また、INTER-VNET の活動もテキストのやりとりが中心のサービスであった。
(5) RFC1855 のネチケットガイドラインなどでは電子メールに署名をつけることが推奨されているが、これは、メーリングリスト等、電子掲示板類似のサービスにおいても同様と捉えていいだろう（Hambridge 1995＝1996）。
(6) 一般の商用のパソコン通信サービスでは、課金の基準となる ID 制をとっていることが多く、その ID は電子掲示板や電子会議室での発言の際に表示されることが通例であった。
(7) 課金システムを採用する際には原則、個人情報の入力が必須となる。インターネット上でのリスクが喧伝される中、詳細な個人情報を入力することはサービスの大きなハードルになっている。端末固有情報で課金情報を管理できる携帯電話に比べ、パーソナルコンピュータを前提にしたインターネットサービスで課金されるサービスが少ない理由はこの点にあるといえよう。
(8) 2009 年ごろからの Twitter の流行以降、この傾向には変化がみられる。
(9) 藤沢市市民電子会議室の市役所エリア等はその代表例といえる。
(10) 現実問題として、いわゆる ID、パスワードのハッキングにより不正に他者を騙ることは可能であり、そうした不正があるか否かを確認するのは容易なことではない。
(11) 実際には、2 ちゃんねるでは、ID 制を導入し当日の同一人物の発言を確認するシステムや、固定したハンドルネームを使うためのトリップ機能が存在する。よって厳密な意味では、オンライン人格の継続性を一切システム側が支援していないわけではない。
(12) ネットレイティングス社の発表によれば、2 ちゃんねるの 1000 万人ユーザー獲得までの必要月数は 77 ヵ月。
(13) 2 ちゃんねる上で長文のメッセージが投稿される際、続いて他者から「長文うぜぇ」と書き込みがされるケースが、とくに初期の 2 ちゃんねるではよくみられた。

（14）粉川は、ネットコミュニティの形成に大きく寄与しているアクティブメンバーは、場にそぐわないメッセージを投稿する甘えが許されることが多いと指摘している。
（15）こうしたアスキーアートが生まれる背景には、当時急速に普及し始めたブログに対する嫌悪感もあったと思われる。コンテンツではなく、「誰が」書いたのかで多数のアクセスを得られるブログは、ある意味2ちゃんねるとは対極の場にあるネットサービスである。
（16）非常に単純化した、みんなの共有する場、という意味あい。
（17）パトリシア・ウォレスはインターネット上でのアクセスという形での注目は報酬であるとしている。

【参考文献】

Bolter, J.David, 1991, *Writing Space*：*the computer, hypertext, and the history of writing*, Lawrence Erlbaum Associates.（＝1994, 黒崎政男・下野正俊・伊古田理訳『ライティングスペース』産業図書.）

金子郁容・藤沢市市民電子会議室運営委員会, 2004,『eデモクラシーへの挑戦―藤沢市市民電子会議室のあゆみ』岩波書店.

Kay, Alan C., 1972, "A Personal Computer for Children of All Ages," the Proceedings of the ACM National Conference, Boston Aug.

Kay, Alan and Goldberg, Adele, 1977, "Personal Dynamic Media," *Computer*, Vol.10, No.3, p.3.

武蔵大学社会学部編, 2006,『多様化するメディア環境と人権』御茶の水書房.

ネットレイティングス社プレスリリース, 2008,「YouTube, "史上最速"で利用者1000万人に到達」

ネットレイティングス社プレスリリース, 2009,「ブログサービス「Tumblr」のサイト訪問者がTwitterとともに増加中」

NIFTYネットワークコミュニティ研究会, 1997,『電縁交響主義』NTT出版.

Hambridge, Sally, 1995, "Netiquette Guidelines."（＝1996, 高橋邦夫訳,「RFC1855 ネチケットガイドライン」,（2011年1月26日取得, http://www.cgh.ed.jp/netiquette/rfc1855j.html）.）

社団法人電気通信事業者協会Webサイト, 2010,（2010年10月1日取得, http://www.tca.or.jp/）

Wallace, Patricia M., 1999, *The Psychology of the Internet*, Cambridge University Press.（＝2001, 川浦康至．貝塚泉訳『インターネットの心理学』NTT出版.）

9 犯罪のなかの私

0 はじめに

　日々の報道のなかには、実に多様な形の「犯罪」があふれている。犯罪が発生し、警察等の機関が介入し、メディアが取り扱う。そのなかには、社会の耳目を大きく集めて、制度の改変や国民の意識の変化にまでつながっていく事件もある。

　たとえば、飲酒運転は、従来から交通三悪の一つと呼ばれてきたが、近年になってから飲酒運転に対する社会の対応が一層厳格になった。飲酒運転による交通事故の被害者となって命を落とした人の遺族が署名活動を通じて刑罰の強化を訴えたことがその対応を促した一つの背景であった。2001年には危険運転致死傷罪が導入されて、飲酒運転事故に対する罰則が強化されるとともに、飲酒運転自体についても取り締まりと社会の批判が一層厳しくなっていった。

　このように、私たちは、日常生起する犯罪と、それに対する社会のリアクションとが交差するなかで生活している。その影響のもとに、私たち自身の意識や行動も変化する。その相互作用がどのようなものであるか、日本における近年の動きに照らしてみていきたい。表題である「私」（個人）が、変化をどう受け止めたかについても思いをめぐらせてみたい。

1 「犯罪」とはどうとらえられてきたか

1-1：デュルケームの犯罪理論

　制度的な処罰の対象となる行為である犯罪を、社会の進展ということに関連して、これまで社会学者たちはどうとらえてきたであろうか。

19世紀末期、社会学者のエミール・デュルケームは、犯罪がない社会はない、むしろ犯罪が生起する社会は正常な社会であるとした上で、「犯罪がもっぱらきたるべき道徳の予兆をなし、やがておとずれるものへの一道程をなしたことが、なんと数知れずあったことか」といい、犯罪という社会現象が、社会の進歩のために機能している側面をも指摘した（Durkheim 1885＝1978：159）。

犯罪という行為が社会の進歩のために意図的にとられるという場合は少ない。しかし、たとえば振込め詐欺のように私利私欲が追求されている犯罪であっても、頻繁にそのような犯罪が起きることによってそれに対する社会の対応を引き出すことになる。それは、摘発や処罰を求める国民の意識を高め、その制度的枠組みの整備を促す。人々や金融機関のその犯罪に対する警戒心や対策についての意識をも高めるということになるのである。結果としてはその犯罪の発生、流行という現象が、社会のその犯罪に対応しようとする集合意識を高め、結束させるという一定の社会的機能を担うことになる。犯罪があるから、社会は進歩する。犯罪が起きて私たちは、どんなことから身を守らなくてはならないか、何をしてはいけないのかを学ぶということもできるのだ。

1-2：社会構築主義がとらえる犯罪現象

しかし、同じ犯罪が発生したとしても、社会の側に常に同じ変化が生じてきたわけではない。社会の犯罪へのリアクションのあり方には大きな差異があるのである。アメリカの社会学者のキッセとスペクターは、彼らが提唱した社会構築主義の観点から、次のように述べている。ある事象が社会問題としてクローズアップされ、幾多のリアクションの山が築かれるのは、社会のなかの個人や諸団体が、その事象をめぐってそれぞれに述べる言説が折り重なっていく過程においてである。すなわち犯罪などの現象そのものがどのようなものであるかということだけではなく、その現象について社会を構成する個人や団体がどのように意見の提示や異議申し立てを行い、報道などの議論の場でどのように扱われるかによって、あらたな社会現象や制度の形成のあり方に違いが生まれるのである。

こうしたことは、近年、犯罪被害者の人たちが互いに情報交換を行い、支えあうなかで、しだいに制度の不備に声を上げ、それが政府に対して施策を求める運動へと展開していった、いくつかの事例に典型的にみられることである。そうした運動が、支持者を集め、それを報道機関が積極的に取り扱うようになり、関係の施策が各省庁により実施されるようになっていくのである。
　たとえば、いわゆるストーカー行為に対して社会が制度を設けて対応するようになった経緯がこれにあたる。1999年10月、21歳の女子大学生が埼玉県のJR桶川駅前の路上で刺殺されるという事件が起きた。桶川ストーカー殺人事件である。被害者は、元交際相手とその兄弟など4人から執拗なストーカー行為を受け、度々警察に訴えたが警察の適切な対応が得られないうちに殺害にまで至ったのである。
　この事件は、その後の被害者遺族の異議申し立てや、ストーカー被害にあう人への支援機関が現れることなどを通して、ストーカー防止法の施行へとつながっていった。以降、男女間の私的な関係に公的な介入が行われるようになり、警察署ほか、公的な機関においてストーカーのつきまとい行為を受ける人の相談を警察署が受け、対応するようになった。

　　1-3：レッテル貼りの結果としての犯罪
　もっとも、その「犯罪」すらも、社会の進展の過程での産物である。たとえばストーカー犯罪は、同様の執拗なつきまとい行為としては以前からあるものだが、ストーカー防止法の施行によって、はじめて取締りと処罰の対象となった。このように、それまで「犯罪」ではなかったことが、あらたに「犯罪」と定義されて、処罰の対象となることがある。これが犯罪化と呼ばれる現象である（逆に非犯罪化は、それまで「犯罪」であったことが、「犯罪」とは見なされないようになることである）。何が犯罪で、何が犯罪でないかは、その社会ごとに、そして同じ社会であってもその時代ごとに異なるのである。
　ハワード・ベッカーは、ラベリング論の観点から、犯罪など逸脱行為は、社会が定義したものであって、おのずから逸脱という性格をもっているわけでは

1　「犯罪」とはどうとらえられてきたか　　135

ないと主張した。したがって逸脱者も、社会のなかでレッテルを貼られ、つまはじき者にされることにより、生み出されているといえる (Becker 1963 = 1978)。

犯罪は、あらたに定義され生み出されることがある。犯罪についての人々の認識の枠組みもそれに基づいて変化することになるのだ。

❷ 犯罪不安社会をめぐって

2-1：犯罪不安の流れ

このように犯罪をめぐる社会の対応のあり方には、社会を構成する諸要素の相互作用が見られる。そしてその動きには、近年特徴的なものがあり、その様子を以下にみていこう。

戦後のわが国は、目覚ましい経済発展を遂げるなかでも犯罪の発生率という面で他の先進諸国に比べて低く、その点で注目を集めてきた。犯罪発生率の低さとともに、検挙率の高さも世界に誇るものであった。

しかし1974年以降、一般刑法犯認知件数は増加傾向となった。そして、1995年に「オウム真理教」による無差別殺傷事件が発生するに至って、わが国の治安は悪化し、戦後の日本社会の特長とされた安全神話が揺ぎ、崩壊した、とまでいわれるようになった。さらに一般刑法犯認知件数は1996年からは毎年戦後最多を更新し、2002年にピークを迎えることになる (法務省2010：2)。また、一般刑法犯検挙率も、1989年まで60％前後であったものが、2001年には19.8％まで急低下するという事態となった (法務省2010：2)。

少年犯罪についてみると、1997年に神戸市須磨区において連続児童殺傷事件が発生し、1998年には少年による殺人や傷害致死事件が急増するなどして深刻な問題として取り上げられるに至った。2000年には愛知県豊川市の主婦殺人事件、佐賀県のバス乗っ取り殺人事件、大分市の一家殺傷事件などいずれも17歳の少年による動機において理解しがたい凶悪事件が続発し、「恐怖の17歳」と呼ばれるなどした。このころの少年犯罪は、凶悪化しているとも特徴づけられ、対策の強化が叫ばれた。

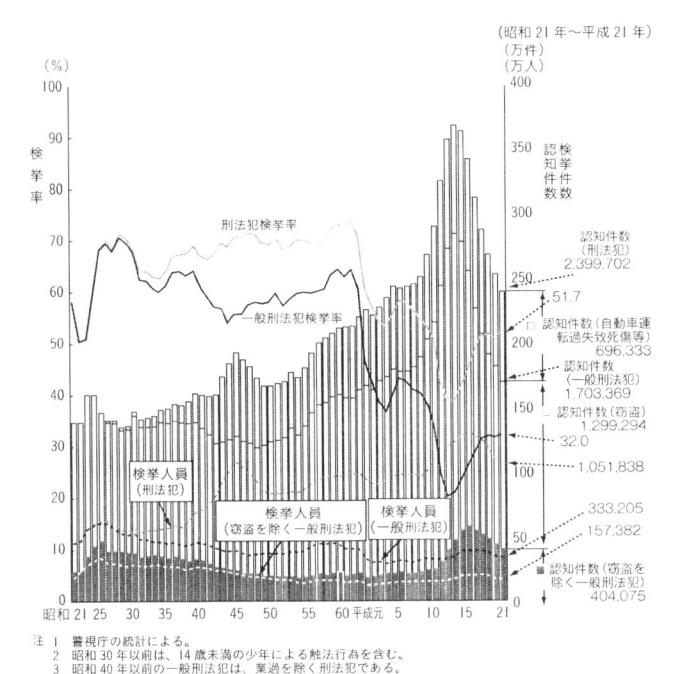

図 9-1　刑法犯　認知件数・検挙人員・検挙率の推移 (法務省 2010：2)

2-2：「治安悪化」へのリアクション

　これらの「治安悪化」を受けて、政府は犯罪対策をその主要な政策課題の一つとして取り上げ、2003年に「犯罪対策閣僚会議」を発足させた。同会議は、同年12月、「犯罪に強い社会の実現のための行動計画——世界一安全な国、日本の復活を目指して——」を策定した（犯罪対策閣僚会議 2003）。

　犯罪に対する司法の厳しい対応も顕著となり、2005年に刑法が改正されて、有期懲役刑が従来の20年から30年まで言渡しが可能となったほか、危険運転罪の新設など厳罰化の動きが見られた。

　裁判（地裁第一審）における科刑の状況を見ても、最近10年間（2000年～2009年）の間に、死刑判決が123件、無期刑判決が903件出されており、それ以前

2　犯罪不安社会をめぐって　　137

の10年間（1990年〜1999年）に死刑判決が48件、無期刑判決が378件であったことに比べると、大幅な増加を示している（日本弁護士会連合会ホームページ）。このことについてはこの期間中に殺人の件数としては明確な増加を示していないという状況に照らして、厳罰化によるものであると指摘されている。

少年犯罪に関しても、2000年に少年法が改正され検察官送致できる（刑事罰を科すことのできる）年齢を16歳から14歳までに引き下げるとともに人を故意に死に至らしめた犯罪については原則として検察官送致とすることとなるなど、厳罰化の方向での改正がなされた。

犯罪に対する人々の意識や対応も変化した。内閣府が行う「社会意識に関する意識調査」のなかで、「日本社会で悪い方向に向かっていると感じる分野」という問いに「治安」とした人の割合は、1998年12月の18.8％から上昇し、刑法犯認知件数がピークとなった年の翌年の2005年2月の調査では47.9％となり選択肢となる項目中のトップとなった（内閣府 1998-2010）。

このような世相を反映して、警備業が盛況となり、警備業の市場規模（売上高

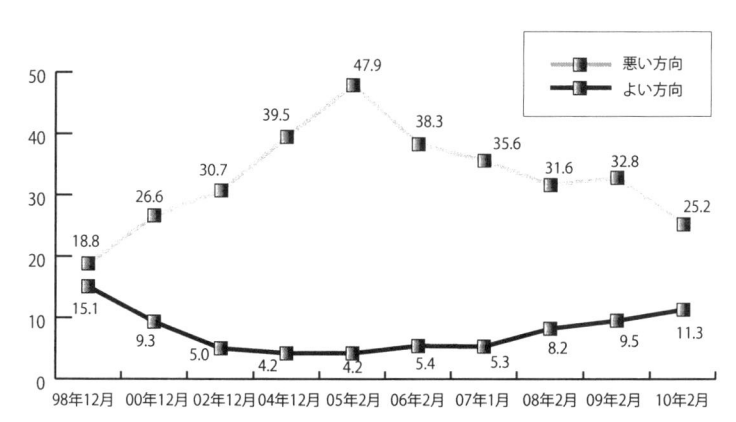

図9-2 内閣府意識調査中「日本社会で良い（悪い）方向に向かっていると感じる分野」という問いに「治安」とした人の割合の推移

（各年の内閣府「社会意識に関する世論調査」より作成（内閣府 1998-2010）。質問文は「あなたは、現在の日本の状況について、悪い方向に向かっていると思われるのは、どのような分野についてでしょうか」。回答は複数選択式。）

総額)は、1986年に7,293億円、地下鉄サリン事件が起きた1995年には1兆7,758億円であったが、2007年には3兆5,634億円となっている（2010年は、3兆1,137億円）(社団法人全国警備協会)。

他方、一般刑法犯の認知件数がピークとなって以降、地域防犯組織の結成や活動の推進が警察機関によって推奨され、その団体数も飛躍的に増大した。自主防犯ボランティア団体は2003年末現在で3,056であったものが、2009年末現在で42,762団体にまで増加した（警察庁2008：87、2010：96）。

このように、刑事司法制度に変化が生じ、そして社会全体に防犯意識が高まるなかで、一般刑法犯認知件数は、2002年をピーク（約285万件）として以降8年連続で減少し、2010年には約158万件となった。一般刑法犯により補導された少年の人員も2009年には108,358人となり、近年のピークであった1998年の184,290人の6割以下となっている（法務省2010：139）。

しかし、統計上の犯罪件数は減少したものの、人々の治安に対する懸念は必ずしも低くはならなかった。たとえば、内閣府の意識調査で「治安」を「悪い方向に向かっていると感じる分野」とする人の割合は、認知件数が減少に転じた後も2009年まで3割台と高い水準にとどまっていた（内閣府2010）。

同じ内閣府が2010年11月に実施した「少年非行に関する世論調査」では、実感として5年前と比較して少年による重大な事件が増えているかどうかと問う質問に対し、「増えている」とする人の割合が75.6％、「変わらない」と答えた人の割合が18.7％、「減っている」とする人の割合が3.0％となっていた（内閣府2010）。統計上の少年犯罪は、凶悪犯罪も含め減少傾向にあるが、国民の実感との間には大きなずれがあることがわかる。

また、警視庁が東京都民を対象に2010年3月に実施したアンケート調査では、東京都内で犯罪に巻き込まれるかもしれないという不安を感じている人の割合65％であった（警察庁2010）。いまだ治安への懸念が高い水準にあることの現れととれる数字である。

2-3：犯罪不安社会への評価　「治安悪化」を見直す

こうした経過をふまえて、戦後の日本社会では、本当に治安は悪化してきたのだろうか、という疑問も投げかけられている。

浜井は、警察庁における関係諸通達の検討などを通して、むしろ「治安悪化神話」は、生み出されてきたものだという。浜井は、警察が、市民に対して、どのような被害であっても、被害届の提出を促すなどの働きかけを行っている経過を示して、「最近の認知件数の急増は、警察の努力の成果であると考えることが妥当である」と述べる（浜井 2004：13）。そしてこれによって事件数が増加し、さらに「従来よりも取扱いが困難な事案が増加した」結果、余罪解明率が低下したことで検挙率の低下につながったとしている。「認知件数や検挙率に見られる最近の急激な変化（悪化）は、警察の犯罪に対する対応方針の変化によるものが大」きいのである（浜井 2004：16）。

このようにみると、結論としてわが国の治安は歴史的に見て大きく悪化したということは必ずしもいえなくなる。世論調査に見られる人々の犯罪への危惧の高まりは、前述のような背景に基づくものであって、客観的な犯罪被害に遭遇する脅威の増大に基づいているものではない。

このように実際の犯罪の増加が明らかではないのに、人々のあいだで犯罪への脅威が増大している現象は、モラル・パニックのひとつと理解することができる。モラル・パニックとは、イギリスの社会学者スタンリー・コーエンが、1960年代の青少年の粗暴な行為に対して、国民が懸念を強め、彼らに憤慨の矛先を向けて過剰に反応した様子を表すために用いた概念である。いくつかの特徴的な犯罪の発生が、マスメディアや人々の取り上げ方によって、国民の犯罪に対する警戒心を過度に喚起し、実態の変化以上に、犯罪への脅威や警戒感を増大させていく様子が、この言葉で示されているのである（Cohen 1972）。

3　モラル・パニック言説がもたらすもの

それでは、モラル・パニックと指摘されながらも、厳罰化や犯罪への警戒の

強化が進んできたことは、何をもたらしたのであろうか。犯罪と私の位置関係はどう変化したであろうか。
　先に述べたように、厳罰化は進められ、市民の防犯活動も活発になり、警備産業は繁栄している。縁側を開放して人々を出迎える習慣が過去のものになり、生活領域への外部者の侵入を困難にするセキュリティー強化型のマンションが好まれるようになった。子どもたちには、声をかけてくる見知らぬ大人を警戒することの重要性を教えるようになった。監視カメラの設置について、常にその是非が問われながらも、その存在は生活の多くの領域で浸透しつつある。
　それは一言で言うなれば、遭遇するおそれのある犯罪とありうる被害を避けるために、外部社会とのつながりにおいて「信頼」する側面を減じさせ、「不信」に基づく側面を増加させているということである。
　それでは、不信や警戒の側面が増大する社会は何をもたらし、何を失わせるのであろうか。それがもたらすものは、犯罪から自分や近親者を守ろうとする意識の高まりであり、犯罪が敢行されづらい環境づくりが促されるということである。確率として犯罪に遭遇する機会は過去と比較して減少しているかもしれないにもかかわらず、それでも人々の間で高い警戒感が維持されている。それは、おそらく、犯罪から身を守る行為を促し、犯罪が発生しづらい社会となっていくものと、まずは考えられる。
　他方で、こうした不信と警戒の増加した社会は、高コストな社会となる。自己の生活領域に他者を踏みこませないために、あるいは犯罪に遭遇する小さな可能性をさらに減じるために、多くの資源が投入されなくてはならない。
　その上、こうした社会は多くの人々を排除する社会に傾くおそれを含んでいる。言動の偏りを示す人々、失業者、犯罪前歴者などを、異質な存在として警戒の対象に据え、その人たちを寄せ付けない方針が採られ、またそのことが支持されるようになる。その結果、それらの人々の心情や境遇に共感する機会は失われ、人がみずからの安全と効率的な幸福の追求にばかりに専心する社会に向かうこととなる。
　ところが、そのような社会が、幸福の追求の上でも、また犯罪を社会から減

少させる上でも必ずしも近道とはならないことを私たちは感じることになる。なぜなら、排斥を受けた人たちは、排斥する社会に敵意と攻撃性を向けてくるかもしれないし、少なくとも、接触がない分、犯罪を行いやすい状態に置かれることになるからである。

4　犯罪と人々とのかかわりの今後：モラル・パニックを超えて

　犯罪は、影のように社会の営みのなかにあり続ける。私たちは、犯罪が身近で起きる可能性のなかで生活している。

　「私」も犯罪の被害に遭うかもしれない。逆にもしかしたら、犯罪者の烙印をおされてしまうかもしれない。その可能性に、どの程度の不安を感じ、どの程度の準備（用心）をしているだろうか。「犯罪」と「私」との位置関係はその辺りにある。そして、この位置関係は、必ずしも犯罪統計などの指標によって描かれる「現実」を映してはいない。

　先にみたように犯罪の発生と機関や人々の対応は折り重なって社会の歩みを進めている。犯罪の認知件数が少なくなった現在も犯罪に対する高い恐怖心、警戒心は継続し、所管の各機関への厳しい対応が期待され、実際にもとられている。そのような警戒心が社会意識のうねりとなっていて、モラル・パニックと指摘されたとしても、そして、そのからくりに納得したとしても、人々は用心を解こうとは思わないだろう。

　政策としては、防犯の心構えを喚起し、国民の一人ひとりが犯罪被害に遭うことから自分を守ることは、推奨され続けなければならない。その意味で、「犯罪は減少したが、なお体感治安は悪化したままなのである」というレトリックは、社会の諸集団、とくに公式の集いの場で今後も強調され、また人々の側からも、有用なメッセージとして受け入れられるであろう。

　しかしそこで生まれる不信の原理は、排除の社会を生むことにもつながる可能性がある。そのなかで生起し続ける犯罪と、社会や人々はどのように向きあっていくのであろうか。

犯罪に対する国の施策においては、現在、犯罪に対する対応が厳しいだけのものでよいものかどうか、という見直しも行われつつある。処罰一辺倒から罪を犯すに至った人々が抱える問題の解決を支援する動きへと向かいつつあるのである。
　たとえば薬物事犯者に対しては、摘発と処罰にとどまらず、薬物依存からの回復を支援することが重要であるということが、刑事司法の手続きのさまざまな段階において考慮されるようになってきている。刑務所受刑者や保護観察対象者に対する覚せい剤再濫用防止プログラム実施のほか、摘発段階においても、治療への情報が提供され始めるなど、回復支援の試みが行われているのである。
　筆者の所属する水戸保護観察所においては、就業支援センターという寮のある職業訓練施設を設置して、刑務所出所者のうち、農業によって生計を立て、社会復帰をする道筋を作ろうとする施策も開始されたところである。生活上の多様な課題を抱える多様な犯罪前歴者の人々が無理なく再び社会に溶け込んでいけるようなしくみを幾重にも築き上げ、彼らが人々と敵対し奪いあうのではなく、それぞれに居場所を得て矯正できる社会のあり方を目指しているのである。
　こうした施策の推進を進める時には、モラル・パニックに陥った人々の意識との融合をいかに図っていくかということが、乗り越えなければならない大きな課題となっていく。特定の犯罪を反復している人であっても、適切な介入があればみずからの問題を克服して犯罪とは無縁の生活の基盤を得ることができる。それは、犯罪をしないという消極的な意味にとどまらず、社会の進展に貢献し、困難を抱えた他者の支えともなりえる。そのような姿がマスメディアを通じて紹介されることは、いまのところまだ少ない。しかし、報道が増加し、それが理解となって広がるにつれて、犯罪と人との関係を、検挙し刑罰を科すこと以外の側面からとらえることができるようになるはずだ。罪を犯す者を、敵対視するばかりではなく、ともに社会のなかで暮らす隣人として、とらえられる感覚が広がるものと思われる。犯罪への警戒と、罪を犯す人への理解の両立が促される社会が求められている。

（荒木　龍彦）

【参 考 文 献】

Becker, Howard S., 1963, *Outsiders：Studies in the Sociology of Dievience*, Free Press. (＝1978, 村上直之訳『アウトサイダーズ』新泉社.)

Durkheim, Émile, 1895, Les Règles de la mèthode sociologique, Fèlix Alcan. (＝1978, 宮島喬訳,『社会学的方法の規準』岩波書店.)

Cohen, Stanley, 1972, *Folk Devils and Moral Panics：the Creation of the Mods and Rockers*, London：MacGibbon and Kee.

浜井浩一, 2004,「日本の治安悪化神話はいかに作られたか——治安悪化の実態と背景要因(モラル・パニックを超えて)」犯罪社会学会編,『犯罪社会学研究第』(29号).

犯罪対策閣僚会議, 2003,「犯罪に強い社会の実現のための行動計画——世界一安全な国, 日本の復活を目指して」. http://www.kantei.go.jp/jp/singi/hanzai/kettei/031218keikaku.html

法務省, 2010,『平成22年版犯罪白書』. http://www.moj.go.jp/housouken/houso_2010_index.html

警察庁, 2008,『平成20年版警察白書』. http://www.npa.go.jp/hakusyo/h20/honbun/pdfindex.html

警察庁, 2010,『平成22年版警察白書』. http://www.npa.go.jp/hakusyo/h22/index.html

警視庁, 2010,『都内の治安に関するアンケート調査』. http://www.keishicho.metro.tokyo.jp/hanyoku/enq/image/zenbun.pdf

Kitsuse, John I. & Malcolm B. Spector, 1977, Constructing Social Problems, Menlo Park, Calif.：Cummings Publishing. (＝1990, 村上直之訳『社会問題の構築——ラベリング理論をこえて』マルジュ社.)

内閣府, 1998-2010,『社会意識に関する世論調査』. http://www8.cao.go.jp/survey/index-sha.html

内閣府, 2010,『少年非行に関する世論調査』. http://www8.cao.go.jp/survey/h22/h22-shounenhikou/index.html

社団法人全国警備業協会,「売上高の推移」『協会概要』. http://www.ajssa.or.jp/

執筆者紹介 (執筆順)

矢田部　圭介（やたべ　けいすけ）(編者、第 1 章)
　武蔵大学社会学部社会学科教授
　主要業績:『ソシオロジスト』No.10 武蔵社会学会 2008 年、『社会学の饗宴 1 ―― 風景の意味　理性と感性』共著、三和書房 2007 年、「親密性と共在 ―― グレゴリー・コルベール『Ashes and Snow』展によせて」

中西　祐子（なかにし　ゆうこ）(第 2 章)
　武蔵大学社会学部社会学科教授
　主要業績:『格差社会を生きる家族　―教育意識と地域・ジェンダー―』共著、有信堂 2011 年、『ジェンダー・トラック　―青年期女性の進路形成と教育組織の社会学―』東洋館出版社 1998 年

大屋　幸恵（おおや　ゆきえ）(第 3 章)
　武蔵大学社会学部社会学科教授
　主要業績:「女性の社会進出とお茶」『講座　日本の茶の湯全史』(第 3 巻　近代) 茶の湯文化学会編　思文閣出版 2013 年、「現代のセルフ・ポートレイトとしての SNS のトップ画」武蔵大学総合研究所紀要 No.26、「『感じる』アート鑑賞の可能性―『ディシプリンヌ (discipline)』から『プラティーク (pratique)』へ」武蔵社会学会『ソシオロジスト』No.20

千田　有紀（せんだ　ゆき）(第 4 章)
　武蔵大学社会学部社会学科教授
　主要業績:『日本型近代家族―どこから来てどこへ行くのか』勁草書房 2011 年、『女性学／男性学』岩波書店 2009 年

山下　玲子（やました　れいこ）(編者、第 5 章)
　東京経済大学コミュニケーション学部教授
　主要業績:『産業・組織心理学エッセンシャルズ (改訂三版)』共著、ナカニシヤ出版 2011 年、『文化としての暴力』共著、森話社 2006 年

山嵜　哲哉（やまさき　てつや）(第 6 章)
　武蔵大学社会学部社会学科教授
　主要業績:『クリティークとしての社会学』共著、東信堂 2004 年、『団塊世代・新論』共著、有信堂 2001 年

山本　拓司（やまもと　たくじ）（第 7 章）
元東京大学大学院情報学環特任助教
主要業績：「東京オリンピックと外苑拡張計画　―明治神宮外苑の文化史」『現代スポーツ評論』19 号、創文企画 2008 年、「国民化と学校身体検査」『大原社会問題研究所雑誌』288 号、大原社会問題研究所、1999 年

粉川　一郎（こがわ　いちろう）（第 8 章）
武蔵大学社会学部メディア社会学科教授
主要業績：『社会を変える NPO 評価 NPO の次のステップづくり』北樹出版 2011 年、『現代地域メディア論』共著、日本評論社 2007 年

荒木　龍彦（あらき　たつひこ）（第 9 章）
法務省近畿地方保護委員会委員長
主要業績：「山梨県更生保護懇話会の取組みについて　～ "社会を明るくする運動"における更生環境構築の地域戦略」『更生保護と犯罪予防』、「更生保護法施行 1 年の運用の状況について」共著、『家裁月報』第 61 巻第 12 号

事 項 索 引

あ　行

アイデンティティ　3, 4, 20, 36, 38, 43, 47, 84
アスキーアート　127
遊び　4
一般化された他者　43
　　——の態度　5
イデオロギー　83
意味あるシンボル　42
印象操作　7, 45, 46
インターネット　100
内集団　68
内集団バイアス　71
内集団ひいき　71
エラボレーション　96

か　行

鏡に映った自己　39
核家族化　86
加齢効果（Aging）　93
感情規則　44
管理される感情　44
記憶の場　107
記念碑　106
客観的な歴史　100
キャラ　8, 43
旧道　105
教科書　100
近代家族　65
空気を読む　44
区画整理　106
クロス分析　96
ゲーム　4
厳罰化　137
行為のルール　25, 29
公正な世界の信念　78
高度成長　85
コーホート（Cohort）　93

故郷喪失　84
国民国家　51
個人的アイデンティティ　73
コテハン　127
コミュニケーション　88, 113
雇用の分野における男女の均等な機会及び待遇の確保等に関する法律　30

さ　行

差異化欲求　72
最小条件集団　70
再生産　25, 29
差別　5, 29, 30
産業構造　86
三種の神器　88
ジェンダー　24, 25, 33, 91
　　——をしている　29
時間意識　90
自己カテゴリー化理論　73
自己高揚動機　71
自己コントロール　15
自己ステレオタイプ　74
自己認識欲求　39
自己マネジメント　15
システム正当化理論　78
システム分化　10
時代効果（Period）　93
実践　29
実存集団　68
社会意識　82
社会科　100
社会構造　82
社会構築主義　134
社会的アイデンティティ　73
社会的アイデンティティ理論　71
社会的カテゴリー　68
社会的比較理論　71

招魂社　107
承認欲求　39
昭和時代　105
職住分離　86
職住分離型　86
シングルマザー　32
新3C　88
身体　21, 22, 24
新道　105
親密な他者　42, 43
心理主義化　13
スクリプト・マニュアル　46
スチューデントアパシー　39
ステレオタイプ　75, 103
ステレオタイプ内容モデル　75
スポーツイベント　108
性差別　33
性自認　21, 22
性同一障害　21, 28
青年期　38, 39
性分化疾患　22
性別　20, 21, 24, 25
世代間格差　32
想像の共同体　51
相対主義　103
相補的ステレオタイプ　79
外集団　68
外集団卑下　77
存在拘束性　83
存在証明　5, 43

た　行

対幻想　54
大衆消費社会　88
第二の誕生　37
大日本帝国　112
多変量解析　96
男女雇用機会均等法　30
知識社会学　83
忠魂碑　109

テキスト　118
デジタル・アーカイブ　110
電子メール　118
伝統的ステレオタイプ　77
天皇　106
同化欲求　72
東京招魂社　107
匿名性電子掲示板　125
都市化　86
トランスジェンダー　34

な　行

内閉的個性志向　14
名無しさん　126
日常生活　101
2ちゃんねる　121
日本型経営　65
日本型雇用システム　32
日本の国民性調査　85
ネットスラング　127
『後狩詞記』　105
ノン・フィクション　102

は　行

博物館　106
パソコン通信　118
パッシング　28
パワーユーザー　126
犯罪不安社会　140
ハンドルネーム　125
非婚化　31
非正規雇用　34
フィクション　102
　——としての女性　29, 31, 32
プレスリリース　111
ブログ　128
文学　102
文化財　107
補完性　43
ポストモダン歴史学　103

ホモソーシャル　34
ホモフォビア　7
ホロコースト　112

ま　行

マスメディア　88, 111
マニュアル　45, 46
未婚化　31
ミルクホール　106
『メタヒストリー』　102
メディア　102
目標葛藤理論　69
モラルパニック　140

や・ら行

役割　4
靖国神社　107
友人関係　40, 41
ライフサイクル　37
ライフストーリー　28
『羅生門』　101
羅生門効果　102

ラベリング論　135
領土問題　100
両面価値的ステレオタイプ　76
歴史　102
歴史学　104
歴史修正主義　104
歴史的事実　102
歴史的表現　102
歴史の解剖学　108
歴史への真摯さ　112
ロマンチックラブ・イデオロギー　87
論争　111

Alto　117
APC 効果　89, 92
Bot　129
DynaBook　117
I　42
me 42
mixi　121
SNS　121
Twitter　121

人名索引

あ・か行

池田理代子 58
石川准 5
上野千鶴子 54
エリクソン, E. H. 37, 38
カー, E. H. 113
ガーフィンケル, H. 28
掛札悠子 57
北村透谷 53
九鬼周造 52
クニール, G. 11
ケイ, A. 117
ゴフマン, E. 45
コント, A. 83

さ・た行

シェリフ, M. 69
ジョスト, J. T. 78
ターナー, J. C. 73
タジフェル, H. 70
土井隆義 14
トゥキュディデス 110

な・は行

ナセヒ, A. 11
ノラ, P. 107
バーガー, P. L. 83
バダンテール, E. 61

バトラー, J. 33
ピケット, C. L. 72
フィスク, S. T. 75
フェスティンガー, L. 71
藤本由香里 63
ブリューアー, M. B. 72
ヘロドトス 110
ホール, S. 47
ホックシールド, A. R. 44
ホワイト, H. 102

ま・ら・わ行

マートン, R. K. 83
マルクス, K. 83
マンハイム, K. 83
ミード, G. H. 4, 42
モーリス=スズキ, T. 112
森真一 14
モンテーニュ, M. E. de 52
柳田国男 104
山田陽子 15
よしながふみ 59
吉本隆明 50, 54
リッツアー, G. 44
ルージュモン, D. de 52
ルーマン, N. 10
ルソー, J. J. 37, 38
レイン, R. D. 43

叢書 現代の社会学とメディア研究 第3巻
アイデンティティと社会意識
――私のなかの社会／社会のなかの私

2012年2月15日　初版第1刷発行
2019年3月15日　初版第3刷発行

編著者　矢田部　圭　介
　　　　山　下　玲　子

発行者　木　村　慎　也

定価はカバーに表示　　印刷　中央印刷／製本　川島製本

発行所　株式会社　北樹出版
〒153-0061　東京都目黒区中目黒1-2-6
電話(03)3715-1525(代表)　FAX(03)5720-1488

Ⓒ Keisuke Yatabe & Reiko Yamashita　2012. Printed in Japan
ISBN 978-4-7793-0313-5　（落丁・乱丁の場合はお取り替えします）